"Este libro es una herramienta indispensable para comprender el oscuro mundo de la explotación sexual y la violencia. Sin duda alguna, Lydia Cacho ha expuesto el peligroso rostro de una lucrativa industria, retándonos así a no permanecer de brazos cruzados." Teresa Rodríguez, periodista de Noticiero Univisión

"Este libro sigue siendo un clásico. Por lo serio de la investigación y por lo conmovedor de un relato incómodo para aquellos que, en el poder, abusan de una niñez indefensa. Con esta obra Lydia Cacho ha contribuido a combatir el lado oscuro de nuestra realidad." Sergio Aguayo, académico y periodista

"En la larga lista de eventos desoladores que ha convertido a México en un país sin vergüenza, *Los demonios del Edén* permanece como una lectura no sólo necesaria sino obligada, en el camino por la recuperación de la dignidad de la infancia." Demian Bichir, actor

"Acaso peor que la pornografía infantil con representantes del poder público implicados es una sociedad agachada que lo tolera. Lydia Cacho nos lo recuerda y así pone a prueba la fibra ética de cada uno de nosotros. Ella y este libro representan lo mejor ante lo peor en un país como el nuestro, donde aún es posible encontrar poderes criminales sin contención." Ernesto López Portillo, director de Insyde

"Un trabajo de investigación ferozmente documentado." *The Washington Post*

"Lydia Cacho es un modelo a seguir para cualquiera que aspire a convertirse en periodista. Es una mujer muy valiente que ha resistido la cárcel y la tortura para defender a una minoría a la que nadie escuchaba, para señalar públicamente las injusticias a las que mujeres y niños son sometidos en México y en las regiones más pobres del mundo. Ha sacado a la luz información antes oculta y se ha puesto constantemente en riesgo al denunciar a importantes empresarios y políticos." Roberto Saviano, autor de *Gomorra*

"Lydia Cacho cuestiona audazmente cada aspecto de nuestra civilización, incluyendo valores sacrosantos tales como la libertad de expresión, el mercado libre y la libertad." *Bookslut*

"Poderoso, valiente y humanitario; un reportaje de primer orden." *Sunday Telegraph*

"Cacho no es alguien a quien se pueda silenciar." *The Guardian*

"Una mujer de gran fuerza y valor, que está profundamente comprometida con un periodismo ético y con la lucha por los derechos humanos en México." Marianne Pearl, autora de *A Mighty Heart* y periodista

"Con *Los demonios del Edén*, Lydia Cacho puso sobre la mesa una de las violaciones de derechos humanos más desgarradoras de nuestro tiempo: el abuso y el comercio de menores. La autora, una vez más, nos dio ejemplo con su periodismo de denuncia, imprescindible y valiente, que nos ayuda a abrir los ojos y nos exhorta a no permanecer indiferentes ante las injusticias y la impunidad." Bibiana Aido Almagro, ex ministra de Igualdad de España

"Este excelente trabajo de investigación periodística se convirtió en caso paradigmático de derecho humanos para mostrar las graves omisiones y complicidades del Estado mexicano frente a la creciente industria de la explotación infantil y adolescente en la región." Juan Martín Pérez, director de Red por los derechos de la infancia

BESTSELLER

LYDIA CACHO

Los demonios del Edén
El poder que protege a la pornografía infantil

DEBOLS!LLO

Los demonios del Edén
El poder que protege a la pornografía infantil

Primera edición en Debolsillo: agosto, 2006
Segunda edición en Debolsillo: junio, 2010
Tercera edición en Debolsillo: septiembre, 2015
Primera reimpresión: noviembre, 2016
Segunda reimpresión: diciembre, 2017
Tercera reimpresión: noviembre, 2018
Cuarta reimpresión: marzo, 2019
Quinta reimpresión: junio, 2019
Sexta reimpresión: julio, 2019
Séptima reimpresión: enero, 2020

D. R. © 2005, Lydia Cacho

D. R. © 2020, derechos de edición mundiales en lengua castellana:
Penguin Random House Grupo Editorial, S. A. de C. V.
Blvd. Miguel de Cervantes Saavedra núm. 301, 1er piso,
colonia Granada, alcaldía Miguel Hidalgo, C. P. 11520,
Ciudad de México

www.megustaleer.mx

ISBN: 978-607-313-089-9

Impreso en México – *Printed in Mexico*

El papel utilizado para la impresión de este libro ha sido fabricado a partir de madera procedente
de bosques y plantaciones gestionadas con los más altos estándares ambientales, garantizando
una explotación de los recursos sostenible con el medio ambiente y beneficiosa para las personas.

Penguin
Random House
Grupo Editorial

La utopía está en el horizonte.
Camino dos pasos, ella se aleja dos pasos
y el horizonte se corre diez pasos más allá.
Entonces, ¿para qué sirve la utopía?
Para eso sirve, para caminar.

EDUARDO GALEANO

A las mujeres y a los hombres que creen en la utopía
de un mundo libre de violencia contra niñas y niños

Índice

Prefacio a esta edición revisada 13
Introducción 27

1. Inventando el paraíso 37
2. El actor principal 44
3. Armando un rompecabezas 51
4. Rompiendo el silencio 54
5. María contra el silencio oficial 69
6. ¿Defensores o verdugos? 74
7. ¿Quién es el enemigo? 80
8. ¿Políticos y explotación sexual? 86
9. Los hoteleros toman postura 91
10. El general viaja a Cancún 95
11. Aparecen los videos 99
12. La guerra por la justicia 102
13. Succar aparece en Estados Unidos 105

14. Fugitivo mexicano 107
15. Desenterrando viejos huesos 112
16. La complicidad de los medios 128
17. Autoridades en guerra: federales contra estatales . . . 138
18. Las voces acalladas 144
19. Descubriendo complicidades 154
20. De un caso local a un caso global 166
21. Viejas amistades 171
22. Protegidos por Wall Street 178
23. La tecnología también trabaja para la pornografía . . 182
24. Ni monstruo ni bestia: hombre de poder 190
25. Succar leyó *Lolita* 202
26. El juicio en Cancún 207
27. Turismo sexual 211
28. Después de la tormenta 214
29. Siguen apareciendo víctimas 217
30. El juicio histórico 219
31. Batallas perdidas y una guerra ganada 222

Epílogo 233
Conclusiones 241
Y dónde quedaron ellos en 2015 247
El elefante 257
Índice onomástico 259

Prefacio a esta edición revisada

El viernes 16 de diciembre de 2005, siete meses después de que comenzó a circular la primera edición de este libro, fui detenida sorpresivamente por una brigada de judiciales afuera de las oficinas del Centro Integral de Atención a las Mujeres (CIAM) en Cancún, un organismo de defensa de mujeres víctimas de la violencia, del cual era directora. Los judiciales aparentemente portaban una orden de aprehensión girada por un juez poblano, como resultado de una demanda por calumnia y difamación presentada por Kamel Nacif Borge; nunca me la mostraron. Nacif, poderoso empresario, apodado *el Rey de la Mezclilla*, es mencionado en este libro como uno de los amigos que frecuentaban al pederasta Succar Kuri y que éste solía mencionar como uno de sus protectores, que además le hacía pedidos de niñas vírgenes, según se escucha en su propia voz, en una serie de llamadas telefónicas cuya grabación obra en mi poder, además del testimonio de las víctimas que obtuve yo misma y que coincide con el recogido en expedientes de la Procuraduría General de la República (PGR).

Lo que podría haber sido una simple querella entre dos particulares fácilmente discernible en tribunales, pronto adquirió visos de convertirse en una verdadera acción punitiva en contra de mi persona y en un embate político de un poder mucho mayor que el representado por un grupo de judiciales que duraría diez años. Bastaron unos minutos tras mi detención para darme cuenta de que detrás de ella había una poderosa maquinaria política y económica. *Los demonios del Edén*, título del libro, se habían soltado e intentaban convertir mi vida en un infierno, castigarme por decir la verdad.

Un secuestro "legal"

En realidad, las cosas fueron maquinadas para fabricar una orden de arresto. Cuando hay una denuncia por difamación, la o el juez pide que la o el periodista acuda para responder a la demanda. El problema es que a mí los citatorios de la juez nunca me llegaron. Ese desacato, del que yo estaba ajena, es lo que desencadenó la orden de aprehensión por parte de la juez quinto de lo penal en Puebla, ciudad en donde origina la denuncia mi demandante, a mil quinientos kilómetros de Cancún.

Eso constituyó una primera violación a mis garantías individuales más elementales, porque no se debe girar una orden de este tipo sin asegurarse de que la o el acusado ha recibido los citatorios. Violaron mis garantías constitucionales de los artículos 14, 16 y 20, que aseguran mi derecho a ser escuchada en los tribunales antes de ser juzgada.

Una vez lograda dicha orden, se orquestó todo un operativo para desencadenar una verdadera pesadilla.

- Se trasladó desde Puebla un convoy de dos autos con cinco judiciales, a los que se sumaron al menos otros tres vehículos en Quintana Roo, para efectuar un operativo digno de la aprehensión de un capo del narcotráfico.
- La detención se realizó el viernes a las 12:30, cuando arribé a mi oficina.
- Me rodearon cuatro judiciales armados para subirme a uno de los vehículos, escoltado por los otros cuatro vehículos. El despliegue me hizo pensar lo peor en ese momento. Algo que luego se confirmaría.
- Fui llevada a la procuraduría de Quintana Roo, porque una diligencia de otro estado requiere la autorización de la procuraduría local. Lo que por lo regular es un trámite de varias horas, sospechosamente se hizo en versión *fast track*, en no más de veinte minutos.
- Se llevó a cabo una estrategia para deshacerse de la custodia de agentes de la Agencia Federal de Investigación (AFI) que me había asignado el gobierno federal, debido a las numerosas amenazas de muerte que había recibido. En el momento en que me aprehendieron, los agentes de la AFI no estaban conmigo, pero llegaron tras de mí a la procuraduría estatal en Cancún. Más tarde supe que los judiciales poblanos les aseguraron a los agentes federales que podrían acompañarme en el recorrido por carretera a Puebla.

Pero tan pronto hicieron su gestión, me sacaron por la puerta trasera, engañándome y, asegurándome que iríamos por mi gente, me forzaron a entrar a un auto y se dieron "a la fuga", para tomar la carretera.

- Durante mi detención no me permitieron acceder a teléfonos ni tener contacto con mi abogado. Me impidieron tomar medicinas o ropa de abrigo para el viaje a Puebla; les insistí en mi derecho a la salud y me aseguraron que me acompañarían por mis medicamentos y un suéter antes de salir.

- La "fuga" se realizó con el apoyo de judiciales de Quintana Roo, quienes escoltaron al convoy para permitir que escapara con fluidez sobre el tránsito local. Participaron al menos una decena de agentes locales para sacarme a la carretera.

- El procurador de Quintana Roo, Bello Melchor, aseguró en un noticiero local que Kamel Nacif había estado con él para asegurarse de mi detención. Los mafiosos no se tomaron la molestia de disimular que se utilizaba la justicia como instrumento de venganzas personales.

Durante las primeras horas en la carretera me hicieron sentir que el secuestro podría terminar en algo peor: trato hostil, negativas a mi pedido de hacer alguna llamada, insultos, violencia sexual y amenazas de muerte constantes. Entre ellos, comenzaron a conversar sobre las ocasiones en que habían muerto otros prisioneros. Habían leído historias sobre mí en internet y hacían referencia a un "tipo de Torreón que me quería matar". Me aseguraron que querían pasar a ver el mar de noche; me preguntaron si sabía nadar, y uno de ellos habló sobre "la gente que se ahoga"; en algún momento se detuvieron frente al mar, me bajaron del auto y me aseguraron que tenían órdenes de hacerme desaparecer en el mar. Me preguntaron por mi libro "sobre un pederasta" y hablaron sobre cómo en las cárceles se viola a los que se meten "en eso". A mí me llevarían a la cárcel. Esos hombres vestidos de civil, que aseguraban ser policías judiciales, me advirtieron que si llegaba viva a la cárcel, sería violada.

En las veinte horas que transcurrieron en la carretera, pasé los momentos más solitarios y difíciles de mi vida, la mayor parte del tiempo creí que no llegaría con vida a la prisión. Un año después narré parte de esos hechos en mi libro *Memorias de una infamia*.

Nunca sabré si en realidad estaban esperando alejarse de la península para proceder a una desaparición forzada o feminicidio; durante el trayecto me hicieron saber que debía retractarme del contenido de este libro que tiene en sus manos, o terminaría muerta. Por fortuna, luego de muchas horas, recibieron una llamada de sus superiores. A partir de entonces, el trato fue menos agresivo: a ratos amable, a ratos hostil. Después me enteré de que la presión de las organizaciones civiles y de las redes de periodistas, enteradas de mi "secuestro", había propiciado llamadas al gobernador de Puebla, Mario Marín, para hacerlo responsable de lo que me sucediera. Acostumbrado a perseguir periodistas y encarcelar inocentes, ese hombre que aseguraba sería el próximo presidente de México jamás imaginó que mandarme torturar y encarcelar de manera ilegal le costaría su carrera política.

Poco antes de llegar a Puebla, en la caseta de entrada, nos interceptó un vehículo y dos mujeres de la policía intercambiaron lugares con mis captores. La procuraduría de Puebla había informado a los medios que mi detención y traslado había estado a cargo de mujeres policías, acompañadas de un representante de derechos humanos. Eso es absolutamente falso; sin embargo, lograron su mascarada para el momento en que yo entrara, flanqueada por mujeres, a las oficinas en Puebla.

Una vez en Puebla, el trámite de mi presentación ante la juez fue lenta y tortuosa. Me mantuvieron en un calabozo inmundo; me hicieron una revisión médica en desnudez al lado de un cuarto lleno de policías, con una mampara transparente de por medio.

Por fin al día siguiente salí bajo fianza. La presencia de los medios de comunicación, como en muchos casos, impidió que la juez cometiera otro acto ilegal al mantenerme presa —como habían planeado— durante el resto del mes de diciembre. Habían pensado que este libro, *Los demonios del Edén*, quedaría desacreditado una vez que me doblegara por la tortura, los tratos crueles e inhumanos y las amenazas de muerte para mí y mi familia. Pero eso nunca sucedió.

En el escenario más optimista, lo que se orquestó fue una orden de aprehensión artificial para tener la posibilidad de infligirme el mayor castigo posible; una *vendetta* por haberme atrevido a hablar de los poderosos. El traslado, el despliegue desproporcionado de recursos policiacos, la tortura física y psicológica y el típico *sabadazo* que intentaban aplicarme formaron parte de una maquinación que sólo puede explicarse por la "compra" de la justicia por parte de un particular para afectar a una periodista y defensora de los derechos humanos que se atrevió a exhibir al poder detrás de la pornografía infantil.

En el peor escenario, si mi equipo y las redes de mujeres y periodistas no hubieran denunciado a tiempo este "secuestro legal", pudo pasar incluso lo peor (que se me aplicara una ley fuga o sería un nombre más en la lista de desapariciones forzadas de mi país).

Lo cierto es que una simple denuncia por calumnia, improcedente —porque tengo las pruebas de todo lo que afirmo en este libro—, consiguió lo que agresores de mujeres y otros delincuentes de alto calibre no habían logrado en todos mis años como periodista y activista feminista contra la violencia: sacarme de mi ciudad, despojarme de la protección y dejarme por completo indefensa y vulnerable durante más de veinte horas, en zonas aisladas y deshabitadas, sin saber si podría perder la vida a manos de un puñado de policías. Sin embargo, la muestra de ese descarado vínculo entre las mafias políticas y criminales despertó una reacción social poderosa de gran indignación; así que, acompañada de cientos de miles de personas solidarias, decidí enfrentarme a ellos con toda la fuerza, el poder y la integridad de la que un ser humano es capaz.

UN JUICIO EN CONTRA DEL PERIODISMO

El carácter irregular de mi detención y posterior encarcelamiento cobró sentido cuando resultó evidente, en los siguientes días, que mi aprehensión y el juicio correspondiente habían sido negociados entre Kamel Nacif y el gobierno de Puebla. De manera increíble, las propias autoridades admitieron tanto la colaboración como el hecho de que para ellos mi caso ya había sido juzgado y sentenciado, ¡mucho antes incluso de que pudiera presentar pruebas para defenderme de la denuncia por difamación! Es tal la prepotencia y la costumbre de usar la ley con fines represivos, que estos funcionarios hicieron caso omiso de la separación de poderes y de la legalidad, y más aún, lo festinaron ante la prensa, como resulta evidente en las siguientes notas periodísticas:

"Admite la procuraduría poblana graves anomalías en el arresto." "Si a la periodista Lydia Cacho no se le notificó sobre la orden de aprehensión en su contra fue para evitar que hiciera 'un escándalo', declaró Blanca Laura Villena Martínez, titular de la Procuraduría General de Justicia del estado de Puebla, quien así reconoció que a la defensora de los derechos humanos no se le advirtió sobre la decisión del juez quinto de lo penal para detenerla por el delito de difamación" (publicada en *La Jornada*, 22 de diciembre de 2005). Con esa declaración, la procuradora de Puebla asume que hay dos clases de personas: las y los ciudadanos y las y los periodistas. Para ella, quienes ejercen el periodismo no deben recibir citatorios, sino ser aprehendidos directamente. Y el gobernador añadiría: no sólo deben ser aprehendidos sino también condenados (antes de presentar pruebas en su defensa).

"Admite Nacif apoyo de gobernador Marín." "Kamel Nacif admitió el apoyo del gobernador de Puebla, Mario Marín, para generar una orden de aprehensión en contra de Lydia Cacho, por supuestas calumnias y difamación en su agravio. 'Le pedí al señor gobernador [de Puebla] de que esta señora me está calumniando, así, así, y él me dijo: aquí no se calumnia a nadie, y ¡pum! que le dictan la orden de aprehensión.' 'Porque esta señora dijo en un programa de televisión que yo tenía 100 denuncias de acoso sexual de costureras… Pues chingaos, qué malos gustos tengo yo', señaló" (publicada en *Reforma*, 24 de octubre de 2005).

"El gobernador de Puebla dijo que ya se ha explicado hasta el cansancio el tema de Lydia Cacho, y que para él es un asunto cerrado." "El gobernador de Puebla, Mario Marín, dijo que, para él, la escritora Lydia Cacho es una delincuente, y si no, que lo demuestre. 'En Puebla se respeta la ley, no hay impunidad contra nadie, y a la persona que comete un delito se le llama delincuente, para mí es un delincuente o una delincuente que cometió un delito'" (publicada en *Reforma*, 23 de diciembre de 2005. Puesta en internet el 22 de diciembre, un día antes de que la juez dictara su resolución).

En consecuencia, y para sorpresa de nadie, el viernes 23 de diciembre, la juez quinto de lo penal me declaró auto de formal prisión una semana después de mi detención, pese a las pruebas presentadas.

Algo está cambiando

Hace no muchos años el comportamiento del gobierno de Puebla y el uso descarado de la justicia por parte de los poderosos no habría generado mayor sorpresa. En esta ocasión, en cambio, la respuesta resultó abrumadora. Organizaciones internacionales y nacionales de derechos humanos, así como las dedicadas a la defensa del derecho a la información y la libertad de expresión se pronunciaron a favor de mi caso: Amnistía Internacional, el Committe to Protect Journalists (cpj) de Nueva York, la Comisión Nacional de los Derechos Humanos (cndh), la Organización Mundial contra la Tortura, la Sociedad Interamericana de Prensa, Article 19, entre otras muchas). Diversas organizaciones civiles en México y el mundo, la unesco, la Cámara de Diputados, el gobierno de Quintana Roo, los noticieros y diarios prácticamente de todo el país, cientos de colegas y amistades, una docena de articulistas nacionales… dos países me ofrecieron asilo político e incluso senadoras y políticos priístas rechazaron el proceder del gobernador Mario Marín.

Esta respuesta se debe en mucho a dos factores con los cuales las víctimas de injusticias en México no suelen contar. Por un lado, la exposición que me proporciona mi oficio periodístico y mi trayectoria a favor de los derechos humanos, acompañada de mis conocimientos para llevar a cabo planes de seguridad y tomarme muy en serio las amenazas de muerte; y por otro, el descaro y los excesos cometidos por las autoridades poblanas, que en este caso intentaban encubrir a una poderosa red de políticos y empresarios que violaban niñas y niños rentados a Jean Succar Kuri, el tratante de niñas de Cancún.

Mi caso evidenció a nivel internacional dos terribles anacronismos de las leyes de imprenta e información en México:

1. La "criminalización" de las y los periodistas. El nuestro era en ese momento uno de los pocos países occidentales en donde aún se castiga con cárcel este tipo de delitos. En el fondo, la calumnia y la difamación son delitos de opinión. Los tratados internacionales de derechos humanos firmados por México y la Constitución misma consagran el derecho a la libertad de expresión. Nadie debe ir a la cárcel por opinar de determinada forma. Desde luego, es sensato que las leyes contemplen penalidades económicas para estos delitos, pero no la cárcel.

2. La difamación, tal como la definen las leyes, se traduce en una acusación absurda. El código de Puebla (artículo 357), muy similar en todo el país, señala: "La difamación consiste en comunicar a una persona o más personas, la imputación que se le hace a otra, física o jurídica, de un hecho cierto o falso, que le cause deshonra, descrédito, perjuicio o lo exponga al desprestigio de alguien". Es decir, no importa que un periodista diga la verdad, puede merecer cuatro años de cárcel si el demandante asegura que esa verdad dañó su prestigio. En otras palabras, Arturo Montiel podría demandar prácticamente a todos los medios del país que divulgaron los datos de su fortuna inexplicable, porque esa divulgación afectó sus posibilidades de llegar a la Presidencia, o Enrique Peña Nieto podría haber encarcelado a Carmen Aristegui y su equipo por demostrar que la adquisición de la mansión denominada la Casa Blanca fue producto de actos de corrupción que implicaron un serio conflicto de interés. La estricta aplicación de ese artículo mandaría a prisión a buena parte de las y los periodistas mexicanos. Más aún, el espíritu del artículo haría imposible el ejercicio del periodismo en México.

Son leyes, pues, absolutamente anacrónicas, que se aplicaban muy de vez en cuando en nuestro medio. Sin embargo, estaban ahí como una espada de Damocles para ser usada cuando conviene a un poderoso o una autoridad indignada. Muchos hombres y mujeres periodistas se han jugado la integridad, la libertad y la vida antes que yo; sin embrago, mi caso fue la gota que derramó el vaso y logró que se descriminalizaran estos delitos; ahora, diez años después son delitos civiles, no penales.

El riesgo no residía en las acusaciones por calumnia (pude comprobar por completo la veracidad de las citas que se hacen sobre Kamel Nacif en este libro), sino en la denuncia por difamación, porque dependía de la interpretación de la justicia poblana, de una juez comprada por mi acusador, el considerar si existía dolo de mi parte.

Yo no pedí estar en medio de esta tormenta; fueron ellos los que prácticamente me secuestraron y me obligaron a defenderme. Las autoridades de Puebla se quejaron de que al recurrir a los medios politicé el asunto, pero fueron ellas las que convirtieron una querella entre dos particulares en un asunto político, cuando se involucró directamente al poder Ejecutivo para corromper al poder Judicial a fin de forzar una aprehensión y una sentencia. Aunque la denuncia debió ser presentada en Quintana Roo, donde sucedieron los hechos, o en el Distrito Federal, donde fue publicado el libro, de forma tramposa se registró en Puebla, donde el demandante se siente dueño de la justicia. (Un dato curioso: la demanda fue presentada en el *Misterio* Público Especial para Delitos Electorales, pues en el papel membretado de ese tribunal reza "*Misterio* Público", en lugar de Ministerio Público.) ¿Qué esperaban con todo esto? ¿Querían que aceptara pasivamente lo que es una evidente compra de la justicia por parte de un magnate amigo de políticos? ¿Esperaban acaso que yo me asustara y retractara? Después de conocer estas historias de compraventa de seres humanos, de violación de niñas y niños, así como de lavado de dinero y corrupción política, ninguna periodista con ética se retracta ni se da por vencida; nuestro oficio se debe a la sociedad, implica riesgos y hemos de estar preparadas para enfrentarlos. Yo lo estaba, pero el sexismo de mis captores les impidió creer que existen las mujeres valientes que no se venden.

Es tal la indignación que ha generado la persecución política de la que he sido objeto, que terminó convirtiéndose en el motor de algo más importante, más trascendente, para dejar atrás esta absurda mordaza o amenaza al ejercicio periodístico y al derecho de la sociedad a estar enterada de las malas prácticas y los vicios de la vida pública.

En lo que a mí respecta, demostré plenamente que soy inocente de ambos cargos. Las menciones sobre Kamel Nacif en el libro carecen de dolo y fueron extraídas del propio testimonio de las víctimas del pederasta Succar Kuri, que se encuentra en los expedientes de la PGR. Y por lo que respecta al daño a la reputación de Nacif, con facilidad puedo comprobar que tal reputación se encontraba ya en entredicho por las numerosas notas periodísticas, publicadas antes de la edición del libro, relativas a su detención por el FBI, sus relaciones con el juego y el presunto lavado de dinero en Las Vegas, así como con los escándalos alrededor del Fobaproa gracias al cual Nacif se enriqueció.

El libro *Los demonios del Edén*, que tiene usted en sus manos, lleva como subtítulo "El poder que protege a la pornografía infantil". Nunca como ahora estuve tan convencida del enorme poder de estas redes, capaces de mover gobiernos y violar las leyes en detrimento de quienes se atreven a denunciar sus prácticas y defender a sus víctimas. Diez años después de su primera publicación, lo que advertí como un fenómeno creciente —la pornografía infantil en internet, la trata de niñas, niños y jóvenes para fines de explotación sexual— se ha hecho realidad. Ahora he revisado personalmente este libro que cambió mi vida y la vida de cientos y tal vez miles de personas. Me siento orgullosa de mi trabajo, honrada por la valentía y sinceridad de las víctimas que confiaron en mí, por vivir en un país de personas que se rebelan y salen a las calles a decir basta, a buscar más y mejores formas de proteger a la infancia.

Lo que mis colegas dieron en llamar "el caso Lydia Cacho" rebasa por mucho a mi persona, y asumo que se convirtió en un símbolo del riesgo que corre cualquier periodista en México que se atreva a tocar a fondo los temas que, incluso para el Estado mexicano, han sido intocables.

En ese sentido, no estoy dispuesta a negociar mi dignidad con los poderosos para proteger mi libertad, porque, de hacerlo, negociaría la dignidad del periodismo mexicano: hoy yo, mañana cualquier otro, otra colega.

LYDIA CACHO
Junio de 2015

Introducción

Escribir o leer un libro sobre el abuso y comercio de menores no es fácil ni agradable. Sin embargo, resulta más peligroso guardar silencio sobre el fenómeno. Ante la muda complicidad de la sociedad y el Estado, cientos de miles de niñas y niños son víctimas de comerciantes que los convierten en objetos sexuales o esclavos de millones de hombres que encuentran en el abuso sexual infantil y en la pornografía un deleite personal sin cuestionamientos éticos. Para esta investigación tuve que aprender cómo funciona la red profunda (*Deep Web*), me senté durante horas frente a hackers expertos que me explicaron, en el año 2004, cuando esto era una novedad, cómo entrar en el mundo de la investigación cibernética; aprendí cómo encontrar los vínculos entre un pedófilo y otro, cómo los depredadores de la red se encontraban y conectaban desde Tailandia hasta el Estado de México y por qué funcionan de manera diferente a los depredadores sexuales que buscan a sus víctimas en las calles. Me encontré con gente estupenda trabajando para la policía de la Ciudad de México que investigaba las redes y, los años subsiguientes, me sumé a expertas/os norteamericanos que me enseñaron a utilizar el programa RoundUp para seguir pistas de pornografía infantil compartida en redes Peer-to-peer (P2P).

Confieso que la gente me miraba como si fuera una loca que imaginara un mundo del que sólo leemos en las novelas de ciencia ficción, pero no le di importancia; comprendí que el ciberespacio es más complejo de lo que imaginamos y escuché a mis maestros que desde entonces me advirtieron que para 2015 la privacidad y el pudor cambiarían en el mundo. Así fue, así es, por eso creo que este libro es pertinente diez años después, porque aún hemos de investigar y perseguir en las redes y en las calles a quienes creen que niños, niñas y jóvenes son objetos para ser utilizados, comprados, vendidos y violados. La red no es un mundo irreal, como muchos creen, es el reflejo de la fragmentación, de la pulverización de conceptos concretos que en el siglo XIX se daban por sentados. Es el mundo real hecho trizas, confuso, caótico, lleno de lo mejor y lo peor de los seres humanos, es una red de mentiras y realidades, de engaños y vínculos solidarios. La red es un espejo que nos muestra tal como somos: fatuos, superficiales, intensos, mentirosos, afectivos, solidarios, estúpidos, ignorantes, amorosos, manipuladores, perversos, bondadosos, afectivos, poderosos. Es un espacio para el encuentro que carece de vida propia; detrás de la Red Interior (internet) estamos las personas en una batalla por el poder en la que, a diferencia de la vida real, concreta y tangible, la mayoría conduce sin saber quién está detrás de cada paso.

Ésta no es la historia de un viejo sucio que descubre que le gusta tener sexo con niñas de incluso cinco años de edad, de un hombre que comparte fotografías y videos de las violaciones a niñas y bebés. Si bien los fragmentos narrados por las víctimas son profundamente dolorosos, la valentía y claridad de las y los testigos y especialistas nos permiten ver la luz al final del camino y ahondar en las implicaciones de la inacción ante la violencia y la explotación sexual.

Aquí mostramos el sustento cultural de la misoginia y el intrincado tejido que une a un abusador sexual con el crimen organizado, bajo el cobijo de la impunidad y la corrupción policiaca. Vemos cómo los poderosos extienden sus brazos allende las fronteras, para intentar acallar las voces de denuncia que develan las redes de complicidad criminal. Tal complicidad, aunada a la falta de protección policiaca y el terror a sus victimarios, provoca que miles de víctimas de delitos violentos en México se retracten de sus denuncias o bien, por no callar, sean asesinadas.

El reto del periodismo es recontar historias humanas para comprender mejor el mundo que nos rodea. *Los demonios del Edén* cumple ese propósito: poner de manifiesto el mundo de las sombras al que a diario, y sin saberlo, se enfrentan cientos de madres, padres e infantes que jamás creyeron que podrían caer en las garras de un pederasta, un experto en pornografía o un tratante de personas.

Con base en una rigurosa investigación periodística se expone una historia que aún no ha terminado diez años después. Gracias a la valentía de las víctimas, el tratante de personas Jean Succar Kuri está en prisión por los delitos federales de pornografía infantil, abuso sexual de menores y trata de personas, pero aún hay otros que enfrentarán a la justicia cuando menos lo imaginen.

Para defender sus derechos y por su seguridad, se omitieron los nombres reales de algunos testigos y agentes federales de investigación cuya labor profesional ha sido esencial. Toda la información está respaldada por documentos oficiales, declaraciones directas de las víctimas, evidencias e incluso por grabaciones de video y voz en poder de peritos expertos de las autoridades judiciales de México y de los Estados Unidos de Norteamérica. El seguimiento y respaldo de investigaciones de colegas periodistas están documentados. Las menciones de reconocidos personajes del ámbito empresarial y de la alta política mexicana se enmarcan en declaraciones de las víctimas y se encuentran sustentadas en documentación oficial en manos de la Subprocuraduría Especializada en Investigación de Delincuencia Organizada (SEIDO) —antes llamada SIEDO— y la PGR.

Este libro no hubiera sido realidad sin la participación de personas que, como yo, creen que es posible construir otro mundo, libre de violencia, para el cual se precisa de congruencia y persistencia. Esperamos que el siglo XXI sea el que al fin reconozca los derechos de la infancia: niñas, niños y jóvenes con un verdadero acceso a una vida plena, sana, segura y feliz.

Por esto agradezco desde el alma a mis compañeros, compañeras y maestras en la construcción de la paz: Claudia, Darney, Erika, Berenice, Irma, Edith, Rosario, Magdalena, Araceli, Marcely, Clara, Vicky, Valentina, Tabi, Alicia, Enrique. A mis amigos Eduardo Suárez, Juan Villoro y Carmen Aristegui. A mis valientes colegas Adriana Varillas y David Sosa; a la gran abogada y defensora de niñas y niños Verónica Acacio; a las expertas Dianne Russel, Deborah Tucker, Juliet Walters, Patricia Castillo y Melissa Farley; a Marcelino Madrigal, el llanero solitario de la web hispana. Mi agradecimiento profundo a Arturo M. A los agentes de la PGR, excepcionales entre sus colegas, cuyos nombres no puedo revelar, pero que alimentan la esperanza de que algún día México cuente con cuerpos policiacos profesionales, con ética y honestidad. A Darío Ramírez, Cynthia Cárdenas y todo el equipo de Artículo 19 que me han acompañado en un largo proceso legal y frente a terribles amenazas. Una mención especial para Ariel Rosales, mi editor desde 2005; veterano de la divulgación del periodismo hecho libro y uno de los editores más reconocidos del país. Agradezco la paciencia a Wendolín Perla, también editora de mi casa Penguin Random House.

Agradezco a mi familia entera, que me ha acompañado en momentos difíciles producto de mi trabajo. A mis maestras feministas Paulette Ribeiro, Marcela Lagarde, Pilar Sánchez, Lucia Lagunes y Mirta Rodríguez, quienes dan significado a la palabra *sororidad*. Y, sobre todo, dedico este libro a las niñas y niños víctimas del abuso e infortunadas/os protagonistas de estas páginas. Entiendo que la posibilidad de un mañana diferente en sus tiernas vidas requería asegurarse de que el crimen en su contra no quedara impune; nos toca a las personas adultas asegurarnos de que algún día no haya un solo abusador de niños y niñas que encuentre justificación para sus actos.

Cancún, Quintana Roo, 2015

Cintia está sentada con las piernas tensas, con la intención de subirlas y convertirse en un ovillo, de esconderse en su propio cuerpo. La psicóloga le habla, pero la niña de trece años mantiene la mirada baja; parece dormida, sorda, muda, ausente.

El espacio de la cámara de Gesell, alfombrado de piso a techo, es inspeccionado por su mirada. Mientras tanto, la psicóloga le explica:

—No te preocupes, él ya no puede tocarte, ya jamás podrá acercarse a ti.

Cintia crispa las manos sobre el cuerpecillo lánguido de un animal de peluche blanco y negro, lo abraza y cubre su pecho con él.

—Lo conocí cuando tenía nueve años. Fui a su casa y nadábamos bien padre en su alberca, yo y otras niñas. Él estaba con su esposa. Nos veían jugar y luego nos mandaban a la casa con su chofer. Siempre me daba un poco de dinero para que me comprara dulces, o lo que yo quisiera.

La mirada de Cintia se cristaliza, fija en las pupilas de su interlocutora. Hala su cabello crespo, rubio y muy corto, se restriega la cabeza con las manos, tuerce el cuello. Fija la mirada de nuevo.

—Un día que Emma me llevó a Solymar, él me llevó a su cuarto del hotel —se acurruca abrazando a la criatura de felpa. Sin llorar, mira al vacío—. Comenzó a tocarme y me dijo que eso hacen todos los papás con sus hijas, que como yo no tengo papá y él me quiere… Me lastimó con las manos, yo lloraba y lloraba pero él no paraba. Luego me bajó a la sala. Allí estaba mi hermano. Nos sentó juntos a ver la tele y le dijo a mi hermano que me tocara. Claro que él no quiso, gritó, pero Johny es muy grande y muy fuerte y nos obligó a hacerlo.

—¿Por qué volvían tú y tu hermano y las otras niñas?

—Una vez estábamos en su cuarto, después de que me hizo cosas. Yo no quise bajar a la cocina y él subió por mí. Traía un cuchillo, de esos grandotes de la cocina, en la mano y me dijo que me iba a cortar toda, en pedacitos. Yo bajé. No quería que me cortaran en pedacitos. Él es el diablo y me daba miedo. Me decía: "Mira, mi'jita, si te portas bien y me obedeces todo va a estar bien, irás a la escuela y te compraré ropa y cosas bonitas; pero si le dices algo a alguien, esa persona se va a morir. Si le dices a tu mamá, ella se muere. Ya te dije, esto, aunque no te guste, es lo que hacen todos los papás con sus hijas". Y como yo no tengo papá…

—¿Qué más te decía?

—Ya no voy a hablar —hace un puchero, con gesto infantil— porque va a venir por nosotras y nos va a llevar al DIF y nos van a separar para siempre y me van a regañar por hacer esas cosas malas. Eso dice él, que si hablamos nos encerrarán en una cárcel del DIF y nunca volveremos a ver a mi mamá ni a mi tío de Mérida.

Guarda silencio y acaricia a su muñeco.

Cintia comenzó a ser víctima del abuso desde los ocho años de edad y lo fue hasta hace un par de meses —ahora tiene trece—, cuando su prima Emma la llevó a denunciar lo que estaban viviendo.

—Cuéntame más sobre lo que pasaba en su cuarto del hotel.

La niña decide hablar aunque no mira a la psicóloga sino a sus manos.

—Él se tomaba fotos haciéndome cosas. Luego me llevaba a su computadora y me decía: "¡Mira qué bien nos vemos haciendo nuestras cosas!" Y las mandaba por internet, que yo entonces ni sabía qué era. Quería llorar, pero me daba miedo. El Tío Johny era bueno a veces, sólo que tiene ese problema... le gusta hacer cosas con las niñas.

—Cintia, ¿te gustaría vivir en el refugio con tus hermanos y tu madre?

—Sí, creo que sí.

La menor se levanta despacio de la silla, sale de la cámara de Gesell y se encuentra con su madre en el pasillo. Se miran y ésta rompe a llorar. Su hija ha pedido ayuda por primera vez en sus trece años de vida.

Cintia se dirige a tomar un baño caliente, acompañada por la psicóloga. No quiere desvestirse. Por fin acepta. Poco a poco se despoja de una playera y dos camisetas. Viste cuatro calzoncillos de algodón, uno sobre otro. El último queda expuesto. Es blanco y sobre el resorte en buen estado tiene un listón fuertemente amarrado.

Llevada por el miedo, con él la niña clausuró su sexo, su derecho al placer.

El delincuente culpable de esa y otras vidas trastocadas tiene un nombre: Jean Succar Kuri, el infame hotelero libanés de Cancún.

La escala e impunidad con que Succar y su red de apoyo cometieron estos delitos sólo puede explicarse en el contexto del territorio salvaje que ha sido Cancún, una ciudad con un crecimiento vertiginoso, sin leyes ni autoridad, propicia para anidar toda suerte de infamias.

Nota de la autora

Todos los datos de esta investigación están respaldados con documentos oficiales y testimonios directos. Puesto que ya han sufrido lo intolerable y con la esperanza de que nunca más vuelvan a ser humilladas y exhibidas, los nombres de las víctimas han sido cambiados por seudónimos.

1. Inventando el paraíso

Si bien fue el 24 de noviembre de 1902 cuando el presidente Porfirio Díaz firmó el decreto donde se declaraba territorio federal a Quintana Roo, apenas en octubre de 2004 éste cumplió treinta años de haberse convertido en estado. Hasta hace tres décadas era territorio; una región marcada por la invasión militar, la ocupación, la inmigración, la colonización de voluntarios, mercenarios y filibusteros.

A partir de 1902, el general jalisciense Ignacio A. Bravo fue enviado a la frontera con Belice y Guatemala para "hacer la declaración del territorio federal y pacificar a los indios causantes de la Guerra de Castas".

Durante ocho años, Bravo gobernó la colonia militar de Quintana Roo. El territorio fue bautizado con el mote de "la Siberia Mexicana", a raíz de haberse convertido en el último reducto presidiario de los mexicanos indeseables para el presidente Porfirio Díaz: los militares rebeldes, los huelguistas de Río Blanco, los zapatistas y los maderistas. Todos ellos eran prisioneros políticos.

En poco tiempo la selva pacificada se convirtió en botín de políticos de toda la República Mexicana. Diputados federales de Jalisco, Tepic y Oaxaca (que nunca residieron en sus estados) gestionaron sin parar la venta y compra irregular de terrenos, despojando a los grupos indígenas de sus propiedades en la selva, que sus antepasados habían habitado durante siglos.

Hoy los herederos de estos políticos y comerciantes del siglo XIX disfrutan aún del poder de su herencia. Cozumel es la isla madre de uno de los grupos más fuertes del poder político estatal. Cuna de grandes caciques priístas como don Nassim Joaquín, quien en 1940 fue el concesionario de Pemex en esa isla y como accionista de la Compañía Mexicana de Aviación se inspiró para fundar las empresas Aerocozumel y Aerocaribe. Su hijo Pedro Joaquín Coldwell fue el segundo gobernador del naciente estado.

Según la antropóloga social de Quintana Roo, Lorena Careaga Villesid:

—Durante muchas décadas el territorio fue manejado por gente de fuera motivada por grandes intereses económicos y políticos. Desde su creación, Porfirio Díaz visualizaba a Quintana Roo como una zona productiva importante, como una especie de 'tesoro' sin dueño, al que se dividió en latifundios; desde entonces los políticos yucatecos consideran que se les privó de la parte más potencialmente rica de la península. Y parece que todavía están viendo cómo resarcirse de esa triste pérdida.

Quintana Roo no tomó parte en la Revolución. Fue un lejano testigo que vivía de la explotación de trabajadores del chicle, palo de tinte y maderas preciosas. Con una incipiente organización social y partidista, estaba rodeado de campamentos de extranjeros, desde comerciantes y contratistas hasta mercenarios, establecidos en Río Hondo, Puerto Morelos y Yalikín.

Al igual que Quintana Roo, Cancún es un invento del gobierno federal. En 1969 el Banco Mundial recomendó a México la creación de polos turísticos de playa para aprovechar el potencial de sus riquezas naturales. Se sugirieron emplazamientos en Loreto, Ixtapa, Bahías de Huatulco, Los Cabos y Cancún, y los trabajos comenzaron de inmediato. De todos, Cancún era el más estratégico por la posibilidad de atraer a México parte del turismo internacional que fluye al Caribe, pero también el que requería las más altas inversiones.

En sus orígenes Cancún era una isla pantanosa situada entre la laguna y el mar. No sólo había que habilitar (drenar, aplanar, rellenar) las playas, sino también crear una ciudad absolutamente de la nada. Las obras se orientaron a la formación de tres grandes áreas: un corredor turístico o zona hotelera, sin zona residencial, una ciudad para la población fija y un aeropuerto de escala internacional.

Varias decenas de miles de trabajadores hicieron el milagro en apenas cinco años. Para 1974 se abrieron los primeros hoteles y la ciudad podía ufanarse de contar con una población de 18 mil almas, llegadas de todos los puntos cardinales. Noventa por ciento de los habitantes lo conformaban hombres; las pocas mujeres que se aventuraron a poblar Cancún venían con sus esposos, ingenieros o constructores, y muchas se dedicaron a cocinar para los trabajadores. Por tanto, ésta nació como una comunidad androcéntrica erigida, poblada y comandada por hombres.

Este hecho es importante para explicar patrones de organización social que habrían de ser consustanciales en la región. Durante los años de su construcción, Cancún era un campamento con características muy similares a los pueblos de la frontera.

La descripción del término "frontera" desde un punto de vista antropológico por parte de Lorena Careaga ilumina mejor el contexto:

—El concepto 'frontera' ayuda mucho a entender a las diferentes oleadas de emigrantes que empezaron a llegar a Quintana Roo desde principios del siglo xx. Frontera en inglés; o sea, *frontier*, equivale al Lejano Oeste. Las regiones de frontera, en este sentido, no necesariamente están en una frontera político-territorial con otro estado o país. El término se refiere a una zona que es tierra de nadie, por lo general salvaje, alejada, despoblada, no sujeta al control político; donde cada quien toma la ley en sus manos y se hace justicia a su modo; donde florece de manera natural toda clase de vicios, incluyendo, en primer lugar, por supuesto, la corrupción, seguida de la violencia indiscriminada, la fuerza, el abuso, el engaño, el fraude, etcétera.

"La característica principal de una zona de frontera es [que consta de] una población volátil, emigrante, inestable, que no permanece más que el tiempo necesario para hacer dinero rápido, que no crea raíces, a la que no le interesa desarrollar instituciones relacionadas con la vida sedentaria, por ejemplo, instancias educativas o de salud."

A Cancún llegaron miles de trabajadores, muchos de ellos sin familia, pocas mujeres y escasos lugares donde gastar el dinero. Ello dio lugar a dos fenómenos que constituirían una impronta: por un lado, una gran permisividad social en lo que respecta a las prácticas sexuales y, por el otro, la percepción de la mujer en cuanto objeto, desvinculada de su entorno familiar.

Desde su fundación hasta la fecha, Cancún ha sido una ciudad con mayoría de hombres. Veinte años después de su creación, todavía persistía en ella una desproporción significativa: cincuenta y tres por ciento de hombres contra cuarenta y siete por ciento de mujeres (Censo INEGI, 1990). Por otro lado, un segundo rasgo fundacional consiste en el surgimiento de una capa de intermediarios con habilidades para medrar con las necesidades, legítimas e ilegítimas, de un crecimiento vertiginoso. A medida que se trazaban las calles y se levantaban edificios, surgió una generación de mediadores, proveedores y acaparadores venidos de otras zonas de la región (Cozumel, Mérida y Chetumal).

En 1982 la población, que se había triplicado, alcanzaba los setenta mil habitantes y volvía a triplicarse para 1988, con casi doscientos mil. Hoy la región supera el millón y medio de residentes, con una población flotante de varios millones.

La vida institucional nunca tuvo oportunidad de desarrollarse al ritmo de esta explosión demográfica, inmobiliaria y turística. La clase política de Chetumal, asiento de los poderes estatales, y los caciques de los alrededores saltaron de la sociedad adormilada y tradicional en la que vivían para convertirse en agentes políticos de los intermediarios de fortuna inmediata.

Cancún devino en un polo de turismo internacional y destino de inversiones hoteleras de primer mundo, sostenido con formas de organización política de tercer mundo. Gobernadores rupestres como el primero, Jesús Martínez Ross (1975 a 1981) —creador del Movimiento de Unificación Quintanarroense (MUQ), que ha promovido el sectarismo y la discriminación de los no nacidos en Chetumal—, y Mario Villanueva Madrid (1993-1999) —hoy preso bajo el número 1 074 del penal de Almoloya de Juárez por nexos con el narcotráfico— sólo son explicables por el choque de estos dos mundos.

El resultado es una organización social caracterizada por su escasa institucionalidad, por la precariedad de la justicia y un estilo de gestión social fincado en el caciquismo, la intervención personal y el peso decisivo de la voluntad e idiosincrasia de los actores.

Con mayor intensidad que en el resto del país, la sociedad civil de esta región se encuentra inerme, sin instituciones de peso frente al aparato de poder que representa la fusión de los intermediarios enriquecidos y los políticos de usos y costumbres tradicionales.

Ante tal vacío institucional, apenas comienzan a construirse las redes de solidaridad social. Como en toda ciudad con altos índices de inmigración, Cancún está poblada por personajes que se reinventan a sí mismos al llegar a vivir en una comunidad habitada por desconocidos; familias pequeñas sin redes sociales de apoyo, cuyos miembros de la familia extensa (tíos, abuelos, abuelas) permanecen en su lugar de origen. Este fenómeno ha generado dinámicas familiares de gran soledad y de poco arraigo emocional a la tierra que les acoge. Esto y la falta de compromiso comunitario sientan sus bases en las motivaciones que llevaron a hombres y mujeres a vivir a Cancún.

—Cada uno —comenta Lorena Careaga— trae consigo su historia personal y sus valores. Si la comunidad no cohesiona los valores y las y los nuevos pobladores no sienten la necesidad de 'hacer patria', la comunidad es frágil en su entretela. Resulta más fácil que se filtren la descomposición social y la delincuencia sin que la comunidad se unifique, de manera organizada y consciente, para exigir reacciones del Estado ante la impunidad, la ausencia o debilidad de la administración e impartición de justicia.

"Aunque no todos los quintanarroenses son cancunenses y, si bien es cierto que la mayoría de los primeros alguna vez fueron emigrantes desarraigados, puede ser que Cancún, desde este punto de vista, ya esté en vías de 'civilizarse'. Pero durante muchos años fue una zona de frontera con todas las características de *frontier*. Lo mismo sucedió con Payo Obispo-Chetumal en sus primeros tiempos. Difícilmente, en tan pocos años (cien para Chetumal y treinta y cinco para Cancún) pueden borrarse las huellas de una herencia de conquista y violencia."

Cancún, como cualquier cuidad del mundo, ha sido escenario de diversos crímenes. Sin embargo, el caso de Jean Succar Kuri resulta emblemático por sus características, las cuales permitieron que un hotelero de prestigio social, con poder económico y alianzas políticas de alto nivel, explotara sexualmente durante más de dos décadas a casi un centenar de niñas y niños, sin que nadie tomara medidas al respecto. Con la venia de distintos hombres y mujeres participaba en la que, según la PGR, es una red de pornografía infantil relacionada en forma directa con el crimen organizado.

Ésta es la historia de ese festín del poder.

2. El actor principal

Es un hombre de baja estatura, tez morena y sobrepeso. La piel de su rostro es gruesa, como dañada por el sol. No sostiene la mirada a casi nadie. Siempre está rumiando ideas para sí mismo. Es ambicioso y le fascina el dinero. No confía en nadie, odia a las mujeres, no las ama, las usa, y el amor de su vida son sus tres hijos varones que viven en Los Ángeles.

MARIANA, EX EMPLEADA DE SUCCAR

Jean Thouma[1] Hanna Succar Kuri nació en Becharré, Líbano, el 19 de septiembre de 1944. En su adolescencia via-

---

[1] Éste es su nombre tal como aparece en su pasaporte. Aquí lo escribimos así, excepto cuando transcribimos informes en los que aparece como Jean Touma.

jó a México y arribó a Guanajuato a hospedarse en casa de sus tíos. Una parte de la familia Succar emigró a nuestro país cuando Porfirio Díaz era presidente de la República, en los tiempos en que la mayor migración libanesa sentó sus reales en entidades de toda la geografía nacional, entre ellas Yucatán y Guanajuato.

Allí le acogieron algunos de sus familiares que ahora lo desconocen. Ellos ya comenzaban en aquel entonces a construir en León, Guanajuato, lo que más adelante se convertiría en un emporio zapatero. Jorge Succar, el actual director de la empresa familiar Pieles Curtidas del Centro, S. A. de C. V., desconoce la historia de Jean, de quien ninguno de los Succar Kuri residentes en el estado de Guanajuato ha querido hablar.

Cuentan sus allegados que Jean Succar llegó de manera ilegal a México y se quedó en la ciudad de León protegido por sus familiares, quienes lo veían como un jovencito con gran ímpetu de hacer fortuna en este país. Jean ingresó a la empresa familiar hace más de cuarenta años. Sin estudios formales, lo pusieron a trabajar como mensajero, mandadero y en tareas de limpieza. Ya entonces mostraba su carácter irascible y fuerte. Se peleaba con facilidad con otros empleados y utilizaba el nombre de su tío, el propietario de la empresa, y de sus amigos ricos del estado para amedrentar a quienes no cumplían sus deseos.

En esos tiempos un tío suyo comenzaba las negociaciones con unos buenos amigos guanajuatenses, la familia Fox Quesada, y juntos fundaron una sociedad de industria zapatera.

Cuentan sus allegados que un buen día Jean se presentó ante su tío y, con grosería, le dijo que no soportaría que lo tuvieran trabajando como "gato" de la familia. El tío, un hombre honesto y de trabajo, le pidió que se fuera de la empresa. Aseguran las fuentes que, de alguna manera que no pueden precisar, Jean extorsionó a sus tíos, de quienes obtuvo el equivalente a veinte mil dólares actuales. Con ese dinero se trasladaría a Guerrero, al polo turístico más importante en aquellos años: Acapulco, con el deseo de comenzar una nueva vida, aún como ilegal en el país. Su meta era hacerse millonario.

En su camino hacia la fortuna Jean Succar enfrentó varias veces a las autoridades migratorias de México. Por fin, a mediados de junio de 1975, fue detenido y llevado a las oficinas de Migración en el aeropuerto del Distrito Federal. Mientras se le tomaba su declaración, con fines de deportarlo a Líbano por carecer de permiso para permanecer y trabajar en México, se presentó en las oficinas otro libanés llamado Kamel Nacif. Este último era bien conocido por los agentes de Migración, pues uno de sus negocios era la importación de productos a México y tenía buenas influencias en aduanas y migración, sobre todo en el aeropuerto. Kamel miró a Succar y le preguntó de dónde era; charlaron un momento y Nacif les dijo: "Suelten al paisano, yo me encargo de arreglarle los papeles".

A partir de ese día, Jean Succar se convirtió en entenado de su compatriota, quien ya desde los años setenta formaba parte de la industria textil como fabricante e importador de pantalones de mezclilla. Amigos cercanos a ambos aseguran que se llaman compadres y que Jean ha sido en múltiples ocasiones socio de Nacif. Su sociedad —asegura un ex administrador de Succar— consistía en que Nacif ponía el dinero y Succar el nombre. Según la fuente, esto era positivo para Kamel, ya que así podía distraer al fisco. Fue precisamente su protector Kamel Nacif quien recomendó a Succar que hiciera negocios en Acapulco.

El primer negocio de Jean Succar en Guerrero fue una pequeña fuente de sodas en el supermercado Comercial Mexicana de Acapulco; de allí logró que se abrieran más fuentes de sodas en varios comercios similares y conformó un negocio medianamente lucrativo.

En esa época conoció a una niña de quince años llamada Gloria Pita Rodríguez. Gloria, su ahora esposa, narra a sus íntimos la anécdota de que unos días antes de conocer a Johny (su mote cariñoso), éste había sido golpeado por el padre de una niña pequeña.

—Esa mañana Johny estaba en una playa pública y comenzó a tocar a una niñita, pero el padre de la criatura lo vio y se le fue a golpes. Nada más la estaba abrazando y a la niñita le encantó, porque Johny es muy cariñoso.

Con Gloria comenzó una relación erótica; ella era menor de edad y él tenía cuarenta años. Vivieron juntos durante dieciséis años hasta que en 1983 contrajeron matrimonio en Acapulco.

En Guerrero se dio a conocer como un hombre de negocios. Sus amigos le decían Johny, en lugar de Jean, y se dedicaba fundamentalmente a presentar personas para que cerraran tratos.

Entre las amistades que Succar entabló en Acapulco, gracias a las recomendaciones de Kamel Nacif, se encontraba Joe Rank, el dueño del emporio de ropa Aca Joe. Un testigo presencial asegura que durante una comida en una de las cantinas de moda del puerto, Joe le dijo a Succar que daría lo que fuera por meter su línea de ropa en tiendas del aeropuerto de la Ciudad de México.

Tres días más tarde Johny le preguntó a Rank:

—¿Dijiste que lo que sea? Dame dos millones de dólares y yo posicionaré tus tiendas en los mejores lugares del aeropuerto; te voy a lanzar a la fama internacional.

Un mes más tarde, Joe Rank le dio parte del dinero a Succar y éste voló a la Ciudad de México. Llevaba consigo un portafolio de cuero tipo bolsa, donde cargaba cientos de billetes en efectivo.

—Es el hombre más aventurero que conozco —asegura G. M., un hombre que fuera su amigo durante más de treinta años—. Succar es un tipo bajito, huraño y seductor al mismo tiempo. Está lleno de complejos y, sin embargo, tiene un arrojo para acercarse a gente que no conoce y ofrecerle negocios que no lo creerías. Ya en el aeropuerto, acudió a las oficinas de Aeropuertos y Servicios Auxiliares, donde no conocía a nadie, excepto a un agente de migración de medio pelo. Y, a pesar de ello, le consiguió el negocio a Joe.

A partir del incidente adquirió fama en Acapulco de ser un *dealer;* es decir, un negociador para terceros. Después de una serie de malos negocios y riñas en el puerto guerrerense, Succar Kuri decidió trasladarse a buscar fortuna en Cancún. Llegó a la ciudad en 1984 y fue recibido por su amigo Alejandro Góngora Vera, entonces funcionario de aduanas del aeropuerto de la entidad. Succar pretendía explorar dónde podría hacer inversiones. Recibió una concesión en el aeropuerto de Cancún para abrir una pequeña fuente de sodas llamada Pancho Tortas. Los empresarios cancunenses se preguntaban quién sería el dueño de "las tortas" del aeropuerto y qué influencias tendría para haber logrado dicha concesión.

Succar presumía de contar con tres amigos influyentes. En primer lugar, José López Portillo, ex presidente de México. En segundo lugar, Miguel Ángel Yunes Linares, quien de 1985 a 1987 trabajó como subdirector general de Aeropuertos y Servicios Auxiliares en la capital del país y con quien, de acuerdo con Succar, había hecho negocios.

Y, en tercer lugar, el operador político del Partido Revolucionario Institucional (PRI), Emilio Gamboa Patrón, con quien se le veía constantemente en restaurantes de Cancún.

En ese entonces, Román Rivera Torres, arquitecto perteneciente a una famosa familia de estirpe en México, terminaba en aquella ciudad la construcción del centro comercial Nautilus, en la zona hotelera. Jean Succar visitó a Valeria Loza, amiga de Rivera Torres y famosa corredora de bienes raíces en México. La elegante mujer de origen cubano, que vive en Cancún desde 1984, cuenta que el libanés se presentó en las oficinas de Rivera Torres con aires de magnate.

—Lucía un bronceado profundo y llevaba lentes oscuros dentro de las oficinas. Chaparro y vulgar, hablaba con un acento árabe entremezclado con palabras en inglés mal pronunciado.

Valeria no confió en él; su actitud déspota y libidinosa con ella y con otra mujer ahí presente le desagradó. Sin embargo, Succar compró un local en Nautilus en dólares y en efectivo.

Pagó por él —hace más de veinte años— ciento treinta mil dólares estadounidenses. A la misma empresa le compró un penthouse en Villas Solymar, también en efectivo, por ochenta mil dólares.

Más adelante compró, en la segunda fase de otro centro comercial llamado Plaza Caracol, un local en el que, al igual que en el Nautilus, abrió una tienda de camisetas baratas para turistas. De Jean Succar se sabía en Cancún que era un conocido jugador de Las Vegas, que en cada viaje al Caesar's Palace jugaba entre diez mil y cincuenta mil dólares.

Él narraba que había hecho su fortuna en Acapulco, pero nunca especificaba cómo amasó ese patrimonio.

—Lo cierto —asegura Valeria— es que no podía hacer esa cantidad de dinero vendiendo playeras corrientes para turistas y tortas en el aeropuerto.

A partir de su llegada a Cancún, Succar viajaba muy seguido fuera del país. Una ex empleada de sus tiendas, quien se niega a proporcionar su nombre completo por temor a represalias, habla sobre un incidente ocurrido ya en 1992.

—Desde entonces —asegura la señora de cabello rizado y negro, que le cae hasta los hombros— al señor Succar le gustaban las niñas. Yo traje a la tienda a mi sobrina y él comenzó a hablar con ella muy interesado. A mí me dio mala espina, pues si con nosotras, con las mujeres, era muy grosero, ¿por qué nada más así, de pronto, se interesaba tanto en la niña? La abrazaba y le decía que si le daba un beso le iba a dar dinero. Yo me la llevé porque algo me olió mal. De todas formas apenas trabajé con él, era muy hosco y déspota y pagaba muy mal.

Jean Succar se dio a conocer en las altas esferas sociales y de inmediato buscó vincularse con políticos de alto nivel y con los líderes empresariales. Le resultó fácil. Apenas había transcurrido una década de la fundación de la ciudad y cualquier persona que llegase con dinero para invertir podía reinventarse, lo cual él hizo con gran éxito.

Así comenzó, poco a poco, a acercarse a las hijas de gente conocida de Cancún, a ofrecerles dinero "a cambio" de dejarse tocar y fotografiar por él. Las extorsionaba con sutileza. Muchos de los "buenos amigos" de Jean no saben —hasta la fecha— que sus hijas, ahora adultas y casadas, fueron víctimas de quien antes gozara de su confianza. Ellas tampoco quieren revivir un pasado que han enterrado, pero una valiente jovencita, que no pertenece a las clases altas de Cancún, lo hizo. Su nombre es Emma.

3. Armando un rompecabezas

Verónica Acacio es una mujer harto controvertida en Quintana Roo. Con sus menos de treinta y cinco años a cuestas y un cuerpo deportivo y delgadísimo, la que fuera durante años, además de litigante, maestra de aeróbics, se presenta siempre con un aspecto impecable. Con frecuencia su cabellera castaño oscura va recogida en una cola de caballo; sus ojos son almendrados, con largas pestañas y mirada penetrante, los labios levemente pintados de rosa claro, la piel blanca y la mandíbula delineada a la perfección en un rostro triangular. Casi siempre viste traje sastre con pantalón, camisa o playera blanca. Se adorna con joyas pequeñas de oro amarillo. Casi siempre usa un par de pequeños aretes de Cartier y una finísima cadena de oro con algún dije discreto. El reloj de la misma marca y el perfume que deja su recuerdo a su paso distinguen a esta litigante, a quien algunos hombres de la localidad apodan *Medusa*. La abogada anda con un caminar tácito que no deja duda alguna de que Acacio llegó al lugar.

A principios de septiembre de 2003, licenciada en derecho, también presidenta de la asociación civil Protégeme, A. C., que defiende a menores víctimas de abuso sexual, recibió una visita inesperada. Emma, quien llegaría a convertirse en la víctima y testigo principal del caso Succar, la visitó y le entregó el video amateur que grabara bajo la recomendación y supervisión de la subdirectora de Averiguaciones Previas de la Procuraduría General de Justicia del Estado (PGJE). En él Jean Succar le confiesa a la jovencita que le gusta tener sexo con niñas de incluso cinco años de edad. Asimismo, le proporcionó algunas fotografías de las menores con Succar Kuri.

La abogada informó a la joven que no trabajaba de manera gratuita para mayores de edad, que su asociación estaba especializada en la defensa de menores e infantes; sin embargo, le informó que revisaría el caso y vería cómo podía ayudarle. Emma iba acompañada de la señora Paulina Arias Páez, quien había sido su maestra de formación moral en la escuela católica La Salle de Cancún.

Cuando Emma tenía dieciséis años le contó a la maestra toda su vivencia con un señor al que apodaban Johny. Paulina insistió en que lo denunciara, pero la madre de la adolescente y su tío materno, que vive en Mérida, se negaron. La maestra guardó silencio durante casi cuatro años, en los cuales Emma había escapado de Johny Succar. Se trasladó a Nueva Orleáns, Estados Unidos, donde recibió terapia psicoanalítica con un psiquiatra. Sin embargo, a lo largo de todos esos años se percató de que no podría cambiar su vida si no denunciaba a su violador. En su proceso, Emma entendió que Succar seguía abusando de su hermanita y de su prima, ambas de nueve años de edad, así como de otras niñas desconocidas. Por eso volvió a Cancún, para poner su vida en orden. Por eso fue con la maestra a pedir la ayuda de una abogada.

El estilo frío y calculador de la experimentada abogada Acacio no le gustó a la maestra de formación moral ni a la misma testigo, quien luego expresara que ese día se sintió lejana a la litigante.

Esa misma semana Verónica Acacio se reunió con miembros de la asociación civil CIAM Cancún, que protege a mujeres víctimas de violencia familiar y sexual. La reunión se centró en un tema: la jovencita, apoyada por su maestra, quería denunciar a un hotelero libanés por abuso sexual de ella y una decena de niñas, incluida su hermanita menor.

—Pero —aclaró la abogada—, según mis investigaciones con agentes federales, este sujeto es un pez gordo, un jugador de Las Vegas. El asunto es muy fuerte y no podemos vulnerar a esta joven, ni exponerla a la Procuraduría de Justicia local hasta que sepamos los alcances de este sujeto y sus nexos con el crimen organizado.

La comida terminó con un compromiso: Acacio trabajaría de manera silente con la PGR. Una vez que dispusiera de elementos, entrarían en acción penal y, de ser necesario, solicitaría al CIAM apoyo para refugiar y proteger a las niñas, a los niños y a sus madres.

La vida de Jean Succar Kuri, el conocido empresario, estaba por convertirse en asunto público.

4. Rompiendo el silencio

Emma es una joven pequeña, de un metro cincuenta y tres centímetros de altura, rubia de tez clara, ojos color miel y labios carnosos. Tiene un cuerpo armonioso, pero nada parecido al estereotipo de adolescente anoréxica que los medios promueven como el ideal. Es por ello que sufre de bulimia, trastorno alimenticio que incita a quien lo sufre a comer en forma compulsiva, para más tarde vomitar todo el alimento ingerido. Comenzó a sufrirlo a los trece años de edad, en 1998, poco tiempo después de conocer a Jean Succar Kuri, quien prácticamente la adoptó como a una hija.

Dueña de una personalidad frágil en el aspecto emocional, si bien se muestra ante la gente como una joven fuerte y de carácter recio, está llena de ternura y es capaz, a pesar de su tragedia personal, de confiar en la gente y dejarse cuidar. Hasta la fecha, afirman las diversas psicoterapeutas que la han apoyado, la joven sufre de un severo Síndrome de Estrés Postraumático y del Síndrome de Estocolmo (del cual hablaremos más adelante), mismos que han hecho muy difícil que rompa los vínculos afectivos con su agresor. Es una joven cuya personalidad ha quedado fracturada por la violencia que ha vivido desde su primera infancia; sin embargo tiene momentos de asombrosa claridad.

Ésta es la historia de Emma:

Yo tenía miedo, mucho miedo. Llevaba cinco años intentando olvidar lo que Johny me hizo, pero la verdad es que resultó imposible. Ahora, por culpa, primero de Succar y luego de Leidy Campos, me veo obligada a repetir la historia una y otra vez. Estoy cansada, triste, asustada. Mi cabeza es una maraña de recuerdos muy dolorosos. A veces lloro durante horas por la noche. Otras veces me acuesto a dormir y pareciera que me hubiera salido de mi cuerpo… Así me pasaba cuando Johny me tocaba, cuando tenía trece años. Yo era una niña y nadie me había hablado de sexo. Al principio Johny me decía cosas bonitas, me hacía cariños y a mí me gustaban. Yo no tuve un padre. Mi papá biológico se fue cuando era niña; vive en Mérida pero no quiere verme, lo he buscado y me rechaza. Mi mamá era alcohólica; ahora ya no toma, pero la pasamos muy mal. Recuerdo que cuando tenía cuatro o cinco años la veía dormida, tirada en el piso; estaba muy tomada y yo trataba de llevarla a la cama, pero no podía. Crecí llena de miedos, pero al mismo tiempo me hice fuerte. Es muy difícil de explicar. Quiero mucho a mi mamá y entiendo que ella sufrió siempre; trabajó y se esforzó toda su vida pero, como eran muy pobres, nunca estudió, por eso vendía gelatinas en la calle y a mí eso me daba mucha vergüenza. Mi mamá perdió un brazo y yo recuerdo que cuando se lo conté a Johny él me dijo: "No te preocupes, chaparra, le vamos a comprar la mejor prótesis a tu mamita, para que tenga un brazo"; y se la compró. ¿Cómo no iba a pensar que era un hombre bueno?

Cuando estudiaba segundo de secundaria en la escuela Ámsterdam —tenía doce años, casi trece—, escuché a otras niñas más grandes contar que conocían a un señor llamado Johny, que era muy bueno, les daba dinero y les ayudaba a comprar cosas. Samaria, de dieciséis años, y sus amigas no me invitaban. Quien me llevó a su casa fue Sandra, la hermana de Samaria; me dijo que su Tío Johny le iba a dar dinero para comprarse el uniforme de la escolta porque sus papás no podían pagárselo. Fuimos a su casa y me presentó al señor. Se veía muy tierno, como un empresario muy educado. Me trató con mucho cariño pero no me hizo nada. Estaba en la escalera y dijo que subiéramos a su cuarto por el dinero. Yo me senté en la orilla de la cama y Johny me dijo: "M'ija, súbete a jugar Nintendo", pero vi la cara de Sandra —me peló los ojos con terror— y contesté: "No, aquí me quedo". Sentada en la orilla del frente de la cama, veía la tele que estaba encendida mientras ellos platicaban. De pronto el señor me dijo: "Cierra los ojos, vamos a jugar"; lo obedecí y me besó, lo empujé y se empezó a reír de mí asegurando que sólo era un juego. Le dio algo de dinero a Sandra, pero le pidió que regresara al día siguiente porque no tenía todo lo que necesitaba, se dio la vuelta y me dio doscientos pesos, así nomás.

Dos días después Sandra me llevó otra vez. Volvió a subirnos al cuarto de la villa número nueve del hotel Solymar. Nos dijo que no había prisa, que nos acostáramos a ver la tele; él se puso en medio. Yo traía un vestidito azul con blanco y me puse la almohada encima para taparme las piernas. Sandra se volteó hacia el otro lado y Johny empezó a acariciarme las piernas. Súper nerviosa, le retiré la mano, pero él me dijo que no pasaba nada malo e insistió. Yo estaba aterrorizada. Metió rápido la mano en mi parte íntima y luego un dedo allí. Salté de la cama, congelada. Él le ordenó a Sandra que fuera por un vaso de agua y yo arranqué detrás de ella y llorando le pedí que nos fuéramos. Subimos a avisarle que nos marchábamos —le teníamos miedo— y él respondió que otra vez no tenía dinero. A Sandra le dio veinte dólares y a mí me dijo al oído que revisara mi bolsa, pero que no le dijera nada a mi amiga. Lo hice en el taxi y vi que había cien dólares. Él pagó el taxi.

El fin de semana, Leslie, otra amiga más grande que yo, me dijo que pasaríamos el día en la alberca de su Tío Johny. Pedí permiso indicando que iba con una amiga. Sólo nadamos en su alberca y él me dio chocolates. Había otras niñas más grandes que yo, de quince y dieciséis años, que subieron con él, pero ninguna me contaba nada. Mientras ellas estaban en el cuarto Johny bajó a la alberca y yo le conté de mi vida y de la pobreza de mi familia. Ese día no me hizo nada, únicamente me prometió ayudarme a pagar mis estudios y a que mi familia saliera adelante.

En esa casa nadie hablaba de lo que pasaba, de lo que Johny les hacía a las niñas, era un secreto... hasta que te llevaba con él. Entonces ya nos daba órdenes de callarlo, nos hacía enemigas entre sí, nos enseñó a desconfiar.

Cuando terminábamos de nadar nos mandaba a nuestras casas con su chofer. Desde la primera vez, al despedirse de mí me puso dinero en la bolsa. Yo no entendía, a mí nadie me daba nada, ni siquiera mi mamá. Él me dijo que, como era muy rico, me lo regalaba con mucho gusto para que me comprara un regalito, que él sería mi Tío Johny y me iba a cuidar y a querer mucho. Yo sentí súper bonito, la verdad ahora entiendo cuánto cariño necesitaba. Además, ¿cómo podía saber todo lo que pasaría? Se veía un señor muy decente... muy bueno, muy bueno.

La primera vez que me dijo que fuera a su cuarto a dormir una siesta se acostó junto a mí y me pidió que me quitara los shorts para que estuviera más cómoda. Sentí algo en el estómago, como muchas ansias, le dije que no quería, pero él comenzó a acariciarme las piernas y los brazos y a decirme que eso era el amor, que me amaba mucho, que ese tipo de amor lo pueden tener entre papás e hijas y él era como mi segundo padre.

Lloré mucho la primera vez que metió sus dedos entre mis piernas; según él, si sangraba era porque estaba apretada, pero me recomendó que no me asustara. Y sí, sangré mucho.

Ni yo ni las otras chavitas íbamos diario a su casa, sino una vez cada cuatro o cinco semanas, cuando él estaba en Cancún. Johny se quedaba en Cancún dos semanas y venía cada cinco semanas.

Mi mamá, al principio, no sabía nada del asunto; luchaba por sobrevivir con mi hermanita, mi hermanito y su esposo, que es mecánico y siempre está enfermo, tuvo cáncer. No es fácil mantener hijos así. Mi mamá me preguntó quién era ese señor y por qué iba a su casa; le comenté que se trataba del Tío Johny, que mis amigas lo querían mucho y era muy bueno. Pero no me atreví a decirle nada de lo que me hacía. Desde la primera vez que me penetró con las manos me dijo que era una putita, que todas las niñas lo son y que eso es lo que les gusta, que los hombres como él les hagan esas cosas. "Todos los hombres hacen esto, es mejor que te prepares desde ahorita", eran sus palabras, y ¿cómo iba a saber que no era cierto? Le pregunté a mis amigas que iban a su casa y su respuesta era: "Así es la vida, mejor no comentes nada".

Un día me ordenó que fuera a su cuarto y a mí se me comenzó a dormir el cuerpo. Desde la primera vez que abusó de mí se paralizó todo mi cuerpo; o sea, toda la parte de mi sexo estaba como si me hubieran anestesiado. Y él empezaba y yo cerraba los ojos para pensar en otras cosas o rezar o lo que fuera para que terminara rápido. Se me salían las lágrimas; sentía cómo bajaban por mis mejillas pero no decía nada, porque si lloraba más fuerte Johny se ponía más rudo y me lastimaba. Entonces, prefería que fuera más rápido. Insistía en que debía aprender a darle "chupaditas", lo cual me daba mucho asco, pero él me detenía la cabeza y me decía que tenía que tragar su semen porque era una vitamina deliciosa. Yo corría al baño a vomitar y allí lloraba.

No sabía qué hacer, sentía miedo y, de acuerdo con mis amigas, una vez que entrabas con Johny ya no podías salir porque él tenía videos de todo lo que hacíamos.

Una tarde, en la villa nueve, mientras me tocaba, señaló una bocina negra que estaba frente a la cama y dijo: "Mira para allá, chiquilla, hay una camarita y nos vamos a ver haciendo nuestras cosas". Hablaba como si fuera un chavo travieso. Yo me quedaba callada y lo obedecía. En el momento no sentía mucho, pero después de que acababa iba al baño a llorar y a lavarme y me dolía, pero pensaba que ya pasaría. A veces filmaba el video y luego se encerraba a verlo; otras ponía una cámara digital y nos tomaba fotografías con el botón automático.

Algunas veces nos sentaba a mí o a cualquiera que le hiciera cosas y en la computadora o en la cámara nos enseñaba: "Mira qué sabroso nos hacemos". ¡Se veía horrible! Era una pesadilla que te hiciera verlo, pero si no aceptabas se ponía muy violento o te insultaba despectivamente. Por ejemplo, a mí me hería con sus comentarios de que era una "chaparra, pateada y fea, que ya estaba cogida y nadie más que él me quería". Cuando hacía eso de las fotos preguntaba: "¿Te excita vernos?", y yo respondía muy bajito: "Pues, no sé…", a lo que él replicaba: "Claro que te excita, si eres una putita; a todas desde niñitas les excita ver una verga como la mía".

Le tenía mucho miedo, cuando estaba arriba de mí lo veía muy fuerte y a veces pensaba que podía matarme. Luego se mostraba muy cariñoso y tierno; me susurraba que yo era su amor y su niñita, y que quería que estudiara en la mejor escuela y fuera alguien en la vida. Ahora que te lo cuento no entiendo cómo no me volví loca, era como un hombre con dos personalidades y nunca sabías cuándo saldría a relucir la violenta y regañona o la tierna. Todas estábamos siempre a la expectativa de sus emociones.

A veces nos insultaba horrible llamándonos putas; amenazaba con desprestigiarnos: si contábamos algo nuestras madres nos correrían de la casa porque él es un empresario muy conocido, un hombre casado, un hombre de bien, padre de tres hijos y a nosotras, que éramos unas pendejas, pobres y putas, nadie nos creería nada, nos despreciarían todos, nuestros amigos y nuestras familias.

Acostumbraba turnarnos, para no maltratarnos. Ahora entiendo que si hubiera hecho eso todos los días con las mismas niñas, pues las mamás se habrían dado cuenta. Pero era muy cuidadoso. Y luego de hacernos daño nos llevaba a comprarnos algo de ropa o una mochila que nos gustara y algún regalo, algo muy de moda. Llegaba de sus viajes a Las Vegas o a Los Ángeles y a veces nos daba premios por ser "buenas" y "obedientes". Traía bolsas de Louis Vuitton, perfumes de Chanel y cosas cada vez más caras. Afirmaba que lo merecíamos y claro que

nos gustaban los regalos, ¿a quién no le agradan? Yo veía
que los papás de mis amigas de la escuela les compraban
a sus hijas todo lo que querían; traían los jeans de Gap y
los relojes de Cartier o de Swatch, depende de qué estuviera de moda.

Ahora dicen que nos dejábamos comprar, pero esa gente no entiende nada. ¿A poco los papás o los tíos que dan
regalos a sus hijas o sobrinas las compran? No era nuestra culpa, él era el adulto y nosotras las niñas.

La primera vez que me comunicó: "Ahora vas a besar
quesos" no entendí qué quería decir. Me llevó a uno de los
cuartos de su villa, que en realidad es un hotel y allí estaban dos chavas más grandes —como de dieciséis años,
creo—, desnudas y besándose. Estaba Lesly Victoria, a
quien le decían *la Toya*, Yaneth, alias *la Pocahontas* (ella
era más chiquita, es hija de Elda, la muchacha de servicio de la villa número siete) y también Giovanna. Con
ellas me forzaba a tener sexo oral para su beneplácito. Me
acuerdo que pensé: "¡Guácala!" Johny comenzó a tocarse
y me empujó: "Ahora ponte con ellas y bésales el queso".
Nos estaba filmando. Primero no sabía qué hacer, luego
pensé que era una cochinada besar el sexo de otra niña,
pero como él me hacía besarle el suyo, descubrí que era
menos peor eso, y así nos filmó y tomó fotos. Cuando ya
estábamos en la cocina se burló riendo: "Eres una lesbiana, si tu mamá se entera te mata. Ya nunca podrás alejar-
te de mí". Yo lloré un poco, pero me aguantaba porque
me daba terror que fuera a gritarme y a insultarme más.

Johny comenzó a pagarme la escuela y se jactaba
de que ya era mi dueño, que debía obedecerlo. Cuando
estaba en Cancún me quedaba a vivir en su casa las dos
semanas; tenía clases de siete de la mañana a tres de la
tarde y me levantaba a las cinco de la mañana para irme

a la escuela. Tenía que comer con él a fuerza; pasaba por mí a la escuela, donde veía niñas y me ordenaba: "Ahora quiero que invites a ésta o a aquella". Luego salía para Los Ángeles y yo tenía que estar en casa de mi mamá, porque me llamaba cinco o diez veces al día y me exigía que le contestara y explicara lo que hacía. Me advertía que no podía mentirle porque él era como un adivino o un brujo, que siempre sabía lo que estaba haciendo y no podía desobedecerlo porque él se enteraría y nadie traiciona a Jean Succar.

Yo estuve con el señor Miguel Ángel Yunes y con el señor Emilio Gamboa Patrón en una comida. Johny me llevó con él al Distrito Federal, a un restaurante muy elegante en la avenida Insurgentes, donde fueron llegando varios señores. Me saludaron con mucha amabilidad. Cuando ya iban a hablar de negocios, Johny me mandó a que fuera a pasar un par de horas en un centro comercial. Nunca olvidaré que Yunes me miró muy sonriente y con gentileza me dio un billete, creo que eran cien dólares, me impresionó mucho. Me dijo que me comprara un vestido muy bonito. Yo me fui con uno de sus chóferes y ellos se quedaron hablando.

A Miguel Ángel Yunes lo vi varias veces, es muy amigo de Johny. Tiene un yate que se llama *Fedayin* y viene mucho a Cancún. Una vez me acuerdo que vino con Sandra, su amante, quien traía a su hija Sofía, de ocho años y a su sobrina Tania, de nueve. Johny intentó tocar a Sofía, porque recuerdo que la novia se puso súper furiosa y amenazó a Johny. Yunes la calló y ella ya nunca dejó que su hija entrara a la casa. Pero creo que para Miguel Ángel era normal lo que Johny hacía porque nunca le oí preguntarle por mí o por qué me tenía si era una niña, o a las demás, que también lo eran. Johny me decía que él quería tocar a esa niñita, que estaba preciosa y que seguro su amigo Miguel Ángel se la estaba cogiendo porque la mamá estaba espantosa y que la usaba para tapar las apariencias. Me contó que una vez, cuando eran más chiquitas esas niñas, él le besó su parte íntima a una de ellas pero que Tania era una machorrita y la había defendido y nunca la dejaba sola con él.

Pensé que nunca podría decirle nada a nadie, que me despreciarían. A fin de cuentas Johny era un empresario muy rico y respetado, amigo de políticos muy poderosos que iban a su casa y a sus fiestas, con sus yates y aviones. ¿Por qué me creerían a mí, una niña pobre cancunense a la cual nadie conocía? ¿A quién le importaría? Además, siempre me recordaba que tenía videos de mí haciendo sexo con otras niñas y que eso "era su prueba de que yo era culpable, lesbiana y provocadora". A los dieciséis años me escapé; quería ser normal y tener novio. A Johny no le gustaba la idea, controlaba todo lo que hacía. No podíamos vivir aquí; como a él le dieron una beca, lo acompañé a Nueva Orleáns. Pero no podía vivir tranquila, no podía tener sexo sin llorar; cada vez que mi novio me tocaba se me dormía el cuerpo. Así que me vi forzada a contarle todo lo que pasó y él me ayudó a entender que había sido muy malo para mí. Me dijo que debía denunciarlo, pero yo temía armar un escándalo y que no me creyeran. Temía que me dijeran que era mi culpa.

La versión de Emma coincide con la conversación grabada con Gloria Pita, la esposa de Succar, quien amenaza a la joven, en caso de que persista en su denuncia contra éste, con "mostrar en el juicio esos videos". Lo curioso es que olvida que quien los grabó es Jean Succar Kuri y lo hizo cuando ellas eran menores de edad.

Johny siempre contaba que tenía cámaras ocultas en diferentes ángulos, con el fin de hacer tomas de las relaciones sexuales. Yo lo vi porque las guardaba en su computadora portátil personal marca Sony, así como en su caja fuerte, que estaba en el tercer piso de la villa de sus hijos, en su domicilio ubicado en Villas Solymar. Había otra caja fuerte en su recámara, localizada en el segundo piso. Él me mostraba fotografías, videos y minivideos digitales grabados para su morbo personal y el de otros. Este material pornográfico con escenas sexuales entre niños y niñas, con él y con otros, era enviado por internet a otras personas, entre ellas Gloria Pita. Toda esta situación era conocida por su esposa Gloria, alias *Ochi*. Ella posee todo el material pornográfico en Estados Unidos, en su casa de Los Ángeles, California. Mucha gente sabe que *Ochi* es experta en computación y arma páginas de internet súper rápido.

Emma declaró todo esto ante la PGJE y más tarde ante el ministerio público federal de la PGR. Además, sostuvo frente a su abogada y agentes de la PGR:

Y me consta, sin temor a equivocarme, que Jean Succar Kuri contacta también a otras niñas en Estados Unidos para poder incluso intercambiarlas con los señores Alejandro Góngora Vera, con Kamel Nacif —a quien también sé que le agradan los niños—, así como con Miguel Ángel Yunes.

La declaración de la víctima ante la PGR termina con una frase determinante por los nombres que recién menciona.

Hasta ahora es cuando puedo hablar con conciencia plena de la gravedad de los hechos, ya que me encontraba presionada y amenazada en el aspecto psicológico. Por tanto, si algo me llegase a suceder a mí, o a mi familia y mis conocidos, acuso desde este momento al señor Jean Thouma Hanna Succar Kuri, alias Johny, así como a sus familiares, ya que he recibido llamadas amenazantes.

A partir de esta denuncia comenzó a evidenciarse la existencia de redes de corrupción policiaca y se abrió un nuevo capítulo en la historia de Quintana Roo.

A principios de octubre la maestra Paulina Arias se reencontró con Emma y le preguntó sobre los avances de la abogada Acacio. La joven le informó que no sabía nada al respecto. En su apasionamiento por la causa, la maestra le dijo a Emma que era buena amiga de Leidy Campos, la subdirectora de Averiguaciones Previas de la PGJE, y que la llevaría con ella de inmediato. De manera conjunta Paulina Arias y Leidy Campos planearon una estrategia frente a Emma.

El 23 de octubre de 2003, Emma ratificó su primera declaración contra Jean Thouma Hanna Succar Kuri.

Era octubre y, con sigilo, la AFI investigaba al acusado en Cancún. Mientras tanto, el gobernador de Quintana Roo, Joaquín Hendricks Díaz, se hallaba fuera del país.

La procuradora de Justicia, Celia Pérez Gordillo, tenía conocimiento del caso y lo confió por completo a Miguel Ángel Pech Cen, subprocurador de la zona norte, y a Leidy Campos Vera.

Según confirmó la propia procuradora, les autorizó a grabar un video y conversaciones telefónicas entre Emma y Gloria Pita, la esposa de Succar Kuri. Durante las grabaciones la primera estuvo acompañada por la autoridad.

En esos días, mientras en la procuraduría Leidy Campos Vera conformaba el "primer expediente" en la investigación del caso Succar por abuso sexual, la AFI seguía sigilosa las pesquisas solicitadas por la abogada Acacio. Ni Leidy, ni la maestra Paulina, ni siquiera Emma, imaginaban que este asunto pudiera estar relacionado con el crimen organizado.

En tanto la procuradora Pérez Gordillo calificaba como falsas las declaraciones de la abogada Acacio y de las organizaciones no gubernamentales sobre la intervención de la Agencia Federal de Investigaciones (AFI) en el caso Succar, esta última dependencia presentaba ante Rafael Macedo de la Concha el primer oficio, el AFI/4426/2003, cuyos resultados expresan —además de la investigación sobre las líneas telefónicas de las villas 1, 5 y 9 del Hotel Solymar, propiedad de Succar Kuri— lo siguiente:

> …se giró oficio a la Agencia Federal de Investigaciones con la finalidad de que se sirva ubicar a nivel estatal y nacional el domicilio exacto de Félix Díaz, Kamel Nacif y Miguel Ángel Yunes toda vez que como se desprende de la declaración ministerial de una de las víctimas, estas personas también sostenían relaciones sexuales con menores de edad. Se recepciona igualmente oficio AFI/4309/2003 mediante el cual la Agencia Federal de Investigaciones informa que Jean Touma Succar Kuri salió de esta ciudad con destino final a Los Ángeles, California, ocupando el asiento número 1 A viajando con un solo equipaje a bordo del vuelo 920 de Mexicana de Aviación. (*sic*)

La Procuraduría de Justicia tuvo en sus manos, por más de quince días, un video en el que Succar confiesa su afición por tener sexo con menores y declaraciones suficientes de las niñas víctimas sobre un delito que se persigue de oficio y, sin embargo, el pederasta salió de Cancún sin que un solo policía lo detuviera en el aeropuerto.

Un testigo, muy cercano a Jean Succar, asevera que al día siguiente de que se abriera el expediente por la denuncia presentada por Emma, el mismo Miguel Ángel Pech Cen, subprocurador de Justicia, llamó a Jean Succar para avisarle que lo acusaban de abuso sexual infantil y corrupción de menores. Por eso Succar, su esposa Gloria y su hijo Jerry —de dieciocho años de edad— sabían de la denuncia y llamaron a Emma para incitarla a desistir. Pero ¿qué motivaría al subprocurador a ponerse del lado de un delincuente? La propia declaración de Jean Succar a su defensa lo explica. Según él, puede probar que la esposa de Pech Cen —abogada al igual que su marido— era administradora del condominio Brisas, un edificio vecino a las Villas Solymar.

Succar conocía bien al matrimonio Pech, pues los había contratado como litigantes en varios asuntos administrativos. Johny sostiene que una tarde se encontraba en el balcón de una de sus villas que da al mar y al condominio Brisas, cuando observó a tres sujetos que peleaban en un balcón del tercer piso de dicho condominio. Eran dos guardias de seguridad privada y un inquilino rabioso.

—De pronto —dice—, el sujeto cayó del balcón y murió al impactarse en el piso. Yo llamé a Pech y le dije que los guardias de seguridad habían empujado a un sujeto y que estaba tirado en el piso. Él me agradeció la información y poco después llegó su esposa; ella y los guardias levantaron el cuerpo, limpiaron todo y desaparecieron la evidencia. Nunca llegó la policía y nada se supo públicamente. Desde entonces, Miguel Ángel Pech me debía el favor de mi silencio; por eso me llamó, para saldar su deuda de honor conmigo.

Esto le permitió a Jean Succar preparar su defensa con el abogado Sidharta Andrade, quien, con el despacho de su padre, Gabino Andrade, comenzó a defender al libanés, aunque por corto tiempo.

5. María contra el silencio oficial

María Rubio Eulogio es su nombre de soltera. Nació en Veracruz y es enfermera militar. Fue allí, en la escuela militar, donde conoció, hace más de veintidós años, a su esposo Joaquín Ernesto Hendricks Díaz, gobernador priísta de Quintana Roo. Durante su noviazgo sus celos le parecían a su novio una coquetería más, pero en su periodo gubernamental de seis años (1999-2005) fueron motivo de escándalo en la prensa local, nacional e internacional.

María es una mujer de estatura mediana, que durante años ha luchado con las dietas para mantenerse en su peso. En 2003 se sometió a cirugías plásticas para mejorar varias partes de su anatomía. Según sus amistades cercanas es sumamente ansiosa, lo que la lleva a comer en exceso. De rostro redondo, tez morena aceitunada, nariz ancha y labios medianos, casi siempre se maquilla con pestañas postizas y se pinta los labios de un tono rosa fuerte. Gusta de vestir trajes sastres de manga larga y otras prendas de marcas finas y calza zapatos de tacón alto color claro con punta descubierta. La mitad de su vestuario es obra del afamado diseñador David Salomón. Además de gastar sumas importantes en un par de sastres clásicos Chanel que compró en París, casi siempre viste de colores llamativos; le agradan el rosa mexicano y el verde pálido, así como los vestidos floreados. La caracteriza un tono de voz filoso y agudo que, cuando se apasiona al hacer declaraciones, en especial contra su esposo el gobernador, llega al extremo de la agudeza y a altos decibeles. Una vez que comienza a hablar, sobre todo en los medios, le cuesta trabajo detenerse; esa característica le ha ganado muchos epítetos de las y los colaboradores del gobernador. Sus excesos en este sentido han puesto en duda la credibilidad de su compromiso social, sobre todo con la infancia.

El caso Succar fue, en palabras de María Rubio, "su territorio", porque, desde que se le nombró presidenta del DIF estatal, dio inicio a una campaña contra el abuso sexual de menores denominada "Con los niños no se vale". Así que sus contundentes declaraciones pusieron en entredicho las de la procuradora y las del mismo gobernador.

No sería ésta la primera vez que su cónyuge contradijera la palabra del Ejecutivo. Pero, de todas las declaraciones, las suyas fueron, sin duda, las de mayor repercusión política. Sus afirmaciones sobre las redes de prostitución infantil y el crimen organizado en Quintana Roo pusieron a temblar a la procuradora de justicia, Celia Pérez Gordillo, y al gabinete gubernamental. Entre los dimes y diretes de la familia Hendricks ya se había desatado el escándalo en los medios locales sobre el caso Succar. Y mientras el Ejecutivo evitaba a toda costa pronunciar su posición, su esposa aseguró, en conferencia de prensa ante medios nacionales, que las declaraciones de la procuradora de justicia, que seguía respaldando la versión de que eran menos de diez niñas las involucradas en el caso (y por abusos deshonestos y por corrupción de menores) eran falsas.

La ex directora del DIF sostuvo:

—En la red de prostitución infantil que encabeza Jean Succar Kuri están involucrados más de dieciocho mil menores de edad procedentes de diversos países. La red que lidera el pederasta sería la segunda en importancia en el país, ya que en primer lugar estaría una que opera en el norte, concretamente en Tijuana, al manejar un total de doscientos cincuenta mil menores de edad.

"Los más de dieciocho mil menores, además de los locales, llegaron a este destino turístico de Rusia, Tailandia, Belice y Guatemala, por citar algunos. Es evidente que se trata de una red perfectamente estructurada y en la que sin duda participaban diversas autoridades. Es muy lamentable que cada vez aumente el número de menores involucrados en este tipo de ilícitos, ya que, de acuerdo con investigaciones que hemos realizado, cada niño recibe hasta trescientos dólares por 'dejarse' fotografiar."

Ante la gravedad de los hechos, la esposa del gobernador propuso al Congreso estatal la creación de la Ley del Niño, por medio de la cual se garantizaría la preservación de los derechos y la integridad de los menores. Consideró que es muy difícil detectar la operación de las redes de prostitución y, si bien reconoció que ésta es mayor, no sólo en Quintana Roo, sino en todos los destinos turísticos del mundo, ante todo se debe preservar la seguridad de las niñas y los niños.

No obstante, con esto se contradecía respecto de sus anteriores declaraciones, en las que aseguró que ella, en lo personal, había hablado con su esposo de la red de corrupción de menores de Jean Succar Kuri y que su voz no fue escuchada. Mencionó investigaciones que, según la procuradora Pérez Gordillo, no existen. Pero Rubio Eulogio insistió retándola en público:

—La prostitución no es nada nuevo y, en efecto, entre las redes establecidas interactúa un gran número de personas; en la mayoría de los casos están involucrados los padres de familia, quienes bajo ninguna circunstancia pueden argumentar que no sabían en qué están involucrados sus hijos. En Quintana Roo, además de la red que encabeza Jean Succar Kuri, también hay otras acerca de las que se realizan las investigaciones correspondientes. Las redes de prostitución de menores son equiparables al negocio del narcotráfico, debido a la fuerte riqueza que generan.

José Ramón García Santos, entonces director del DIF estatal, evitó a los medios a toda costa.

—Nadie cercano al poder que vive en Chetumal quiere enfrentarse a la ira de María —informaron sus colaboradores a una reportera que solicitaba la opinión del director operativo sobre la escandalosa cantidad de dieciocho mil criaturas explotadas en un estado con un millón novecientos mil habitantes.

Por último, García Santos accedió a hablar *off the record*, en ese entonces para proteger su puesto. Aseguró que María Rubio estaba enferma; que la mitad de sus declaraciones eran mentiras; que en efecto había participado en la campaña "Con los niños no se vale" para denunciar y prevenir el abuso sexual infantil, pero que incluso la gente de Unicef con quienes sostuvo estrecho contacto mientras era presidenta de la institución le habían llamado la atención, suplicándole que instara a la primera dama a no desvirtuar la realidad exagerando las cifras, que ésa no es manera de ganar la batalla.

—Las cifras infladas y falsas generan desconfianza en la gente que conoce el tema y, por tanto, desvirtúan las campañas publicitarias de prevención —le dijeron.

Por su parte, con respecto al tema el ex director de comunicación social de la señora Rubio nos señaló en una ocasión:

—La mujer está enferma de poder y haría cualquier cosa por llamar la atención, incluso ésa, inventar cifras y delitos. Pero no escucha a nadie, no entiende la gravedad de hablar del crimen organizado de esa manera. No hay forma de que Succar, aunque en definitiva es un criminal, hubiera explotado a dieciocho mil niños y niñas en Cancún y nadie más que ella lo hubiera sabido.

Los ataques y las descalificaciones a María Rubio venían directamente de las oficinas del gobernador, su esposo Joaquín Hendricks, quien buscaba el divorcio para mudarse con su nueva pareja, una joven bailarina exótica uruguaya que conoció en el bar de sexo y burdel The One. Años más tarde el ex gobernador se casó con esta mujer, quien conoce —según me dijo ella misma— todos los secretos de Kamel Nacif y sus amigos.

El tiempo le daría la razón a la señora Rubio; en marzo de 2013 la Procuraduría de Justicia declaró alarma por la cantidad de casos denunciados por abuso sexual infantil y explotación sexual de niñas y jóvenes. La autoridad compiló en tal sólo tres meses 156 denuncias. Dada la cifra negra, la fiscal para delitos sexuales dijo a la prensa que no es un exceso pensar que en el estado hay un promedio de 300 niñas y niños violados cada mes.

6. ¿Defensores o verdugos?

La primera tarea de un ministerio público debe ser proteger a las víctimas de los delitos; sin embargo, en este caso no fue así. La abogada Leidy Campos Vera, subdirectora de Averiguaciones Previas de la Procuraduría de Justicia en Cancún, trabajó durante más de veinte días al lado de Emma, sin darle descanso a la joven, para armar el caso contra Jean Succar. Campos Vera es una abogada controvertida. Esta mujer bajita, de cuerpo frondoso, de cabello corto, teñido de rubio, de personalidad fuerte y carácter impositivo, según sus colegas, es conocida en Cancún por tres asuntos. En primer lugar, su preponderante papel en la fundación, fortalecimiento y obtención de recursos para una institución denominada La Casita, perteneciente a la secta cristiana Los Perfectos, a cuyo ministro ella misma encarceló acusándolo de abusar sexualmente de una niña perteneciente a la misma. En segundo lugar, por su apasionamiento en la defensa de niños y niñas víctimas de abuso sexual, demostrado con su "extraña velocidad" para lograr encarcelar a violadores de menores, conforme declaraciones de sus propios colegas en la Procuraduría de Justicia. Y, en tercer lugar, por las acusaciones recientes de una joven que asegura que cuando fue estudiante de la escuela La Salle de Cancún, Leidy Campos le pagó una fuerte suma de dinero para que acusara al esposo de ésta de violación y así lograr un divorcio favorable.

Lo cierto es que, en su desesperación por consignar el expediente, Leidy Campos le prometió a Emma que si la obedecía al pie de la letra, Succar sería arrestado de inmediato y encarcelado de por vida. Lo primero que hizo fue presionarla durante sus declaraciones; aunque su historia real y la del resto de las niñas es suficientemente aterradora, Leidy le "pidió" a Emma que explicara las cosas de cierto modo. Otra exigencia fue prohibirle que viera más a su abogada Verónica Acacio y Emma, acatando su orden, no se comunicó con esta última (quien ya preparaba la investigación con la PGR).

Además, presionó a la testigo para que llevara a las oficinas de la Policía Judicial a su hermanita menor y a sus sobrinos, también víctimas de Succar Kuri. Siguiendo instrucciones de Campos, la joven fue por las criaturas menores de doce años a sus hogares y les mintió a las madres. El 24 de octubre rindieron su declaración dos niños y dos niñas: Cintia, Javier, Karla y Roberto, que fueron interrogados por la funcionaria en violación de la ley y de los derechos de aquéllos por no estar protegidos por su madre o tutora al declarar.

Más adelante Campos Vera argumentó que lo hizo de tal forma porque "estaba segura" de que las madres sabían de lo ocurrido con sus hijas y eran "cómplices" del pederasta.

(Ello a pesar de que las niñas dijeran que sus madres desconocían el abuso sexual, que creían que el Tío Johny las cuidaba.) El 29 de octubre se consignó el primer expediente al Juzgado Tercero de lo Penal, al tiempo que se filtraba información a los medios sobre el caso. El 30 de octubre el juez giró orden de aprehensión contra Jean Succar Kuri, pero el pederasta ya había huido de la ciudad. Alguien le avisó que lo detendrían.

Las especulaciones no se hicieron esperar.

El 31 de octubre, desde las oficinas del subprocurador de Justicia, Miguel Ángel Pech Cen, se filtró información a los medios sobre el caso Succar. El primero de noviembre de 2003, a las once treinta de la mañana, Leidy Campos, junto con el mencionado Pech Cen, convocaron a una gran conferencia de prensa. Leidy apareció sentada al lado del subprocurador, ya con la venia de la procuradora del estado. Los funcionarios que debían proteger la secrecía de las víctimas y su derecho al anonimato mostraron a los medios todas las pruebas que conformaban el expediente 7151-2003-5 de la averiguación previa. Dichas pruebas incluían el video aficionado en el que Succar es entrevistado por la denunciante principal y confiesa tener sexo con menores, así como las fotografías de ella y otras niñas al lado del pederasta, que la prensa tomó y utilizó en primeras planas. De la noche a la mañana toda la comunidad conocía los nombres de las víctimas, los de sus madres, e incluso sus direcciones. Hubo de darles refugio para guarecerlas de los embates de la prensa amarillista que quería fotografiarlas a como diera lugar. También anunciaron a los medios que Succar Kuri estaba prófugo y desconocían su paradero.

Más tarde Campos Vera y la propia procuradora Pérez Gordillo aseguraron que la conferencia de prensa no fue mal intencionada, que decidieron organizarla en un acto de desesperación; ya que la Procuraduría de Justicia no había podido detener al delincuente, la sociedad, "enterada de las barbaridades del hotelero, lo denunciaría si lo encontrara escondido en alguna parte".

Para Emma no había salida. Sus amistades supieron por las fotografías, que entregó Campos Vera a Televisa y que se mostraron en el noticiero de López-Dóriga, que se trataba de ella.

Ya no podía salir a la calle. En toda la ciudad la gente la reconocía, la juzgaba, la humillaba. En menos de una semana la víctima fue condenada por una parte de la opinión pública, con la ayuda de algunos medios, cuyos reporteros y reporteras no adivinaron los matices sexistas de las investigaciones y declaraciones, así como la corrupción policiaca y política que el caso entrañaba.

Cuando se cuestionó a la procuradora Pérez Gordillo por litigar en los medios, su respuesta fue escueta:

—Estábamos desesperadas, queríamos agarrar al desgraciado de Succar y ponerlo en evidencia.

Durante las tres semanas subsiguientes la vida de las víctimas y sus familias se convirtió en un infierno. Perseguidas en sus hogares, día y noche, por reporteros y fotógrafos, impedidas de asistir a la escuela por el escándalo que armaban sus compañeros de clase, cayeron en un estado de depresión y algunas menores y sus madres sufrieron crisis nerviosas.

Emma pidió ayuda desesperada a Verónica Acacio y ésta solicitó al Centro Integral de Atención a las Mujeres, el cual cuenta con un refugio para víctimas de violencia, que llevaran a cabo sesiones de intervención de crisis para las familias. De igual manera, se pidió protección física para las madres.

El refugio para víctimas del CIAM Cancún estaba repleto, de modo que el propietario de un hotel del centro de la ciudad accedió a prestar durante un par de semanas cuatro habitaciones para hospedar a las y los menores con sus madres, para mantenerlos alejados de la prensa y las amenazas de muerte que tanto las madres como Emma declararon haber recibido vía telefónica de Jean Succar, de su hijo Jerry y de su esposa Gloria Pita.

Las familias, ya más tranquilas y protegidas día y noche por agentes de la Policía Federal Preventiva (PFP) en sus habitaciones de hotel, contaban sus versiones a la abogada Acacio y al personal del centro de atención a las mujeres.

El gobernador estaba de viaje y la procuradora se enfrentaba a fuertes críticas públicas por su actuación. En una conferencia de prensa celebrada el 8 de noviembre, las organizaciones civiles más fuertes del estado solicitaron por primera vez que la procuradora Celia Pérez investigara la dudosa actuación de Leidy Campos y del subprocurador Miguel Ángel Pech (en ese momento no se sabía con certeza que fue este mismo quien diera el pitazo a Succar). Se solicitó la renuncia de ambos funcionarios, pero Pérez Gordillo los defendió a capa y espada.

En esos días la Red Nacional de Refugios y la Fundación Oasis llevaban a cabo en el Hotel Oasis una reunión internacional de capacitación para personas que atienden a víctimas de violencia.

Se hallaban en Cancún las especialistas en violencia y abuso sexual Deborah Tucker, Juliet Walters, Patricia Castillo y Yolanda Matos, esta última capacitadora puertorriqueña que trabaja en el área de atención a víctimas de violencia. Las acompañaba también Alicia Leal Puerta, directora de la Red Nacional de Refugios para Mujeres Víctimas de Violencia en México.

Deborah Tucker es directora del National Center for Domestic and Sexual Violence, en Estados Unidos. Lleva treinta años de su vida involucrada con refugios para mujeres maltratadas. Tucker tiene una silla especial en el Senado estadounidense, como asesora, y entrena a departamentos de policía, militares y personal médico en aquel país. Juliet Walters forma parte de su equipo de trabajo. Patricia Castillo es una de las fundadoras de The Peace Initiative, organización compuesta por cerca de cincuenta asociaciones civiles eminentemente latinas en San Antonio, Texas.

La asociación CIAM Cancún logró reunir en un salón de conferencias del mencionado hotel de playa a la procuradora Celia Pérez Gordillo con estas especialistas. La reunión, realizada a puerta cerrada, duró cuarenta y cinco minutos. En ella, las especialistas explicaron a la procuradora la importancia de proteger a las víctimas, en especial a Emma, ya que este caso poseía todas las características de una red de pornografía y explotación sexual de niñas y adolescentes. La procuradora escuchó con atención, pero era demasiado tarde para las menores.

7. ¿Quién es el enemigo?

La víctima, cuando siente que la autoridad la cuestiona, porque no se le cree de entrada, prefiere desistirse de la denuncia y renuncia a continuar el proceso jurídico. Le da la sensación de desprotección, de abandono, desamparo e impunidad, pues sabe que difícilmente probará el delito. En este país tiene más fuerza el dicho del agresor que el de la víctima, especialmente cuando el agresor tiene tanto poder.

ALICIA LEAL PUERTA
ESPECIALISTA EN ATENCIÓN A VÍCTIMAS DE VIOLENCIA DE
GÉNERO

Mientras transcurrían las semanas sin conocer el paradero de Succar Kuri, las víctimas del pederasta eran acosadas de manera brutal por la prensa. En un acto de desesperación, Emma recurrió en busca de protección a su abogada Verónica Acacio, quien convocó a las principales organizaciones de la sociedad civil. En una mesa ante la que, además de los representantes de los abogados del estado, estaba presente una decena de defensoras de los derechos humanos, la joven apareció cubierta por un rebozo azul y lentes oscuros para denunciar ante los medios las violaciones a sus derechos humanos ejercidas por la Procuraduría de Justicia. Pidió a los reporteros que se concentraran en el pederasta y dejaran de acosarla a ella, a su madre y a sus hermanitos.

A continuación se transcribe la carta a la cual Emma dio lectura esa mañana.

Me da mucha tristeza que, después de haber sufrido tanto y haber por fin encontrado el valor para denunciar a Jean Succar Kuri por todos los abusos que ejerció en mí y seguía ejerciendo en otras menores, la señora Leidy Campos, subdirectora de Averiguaciones Previas de la Procuraduría de Justicia, me haya utilizado a mí y a las otras niñas víctimas de los delitos de abuso para exhibirnos públicamente y ganar un protagonismo absurdo en la prensa, y me refiero a absurdo porque después de todas las pruebas que recabé yo para la PJE, para que tuviera peso mi demanda, y de obedecer cada vez que se me enviaba a llevar a una menor implicada en el caso, por orden de Leidy Campos, y de colocarle al señor Kuri en bandeja de plata, se les haya esfumado, así como así.

Acudí a la procuraduría confiando ciegamente en que se guardaría tanto mi anonimato como el de las otras víctimas, y desde un principio informé a Leidy que desde el 28 de septiembre del presente año contaba con el respaldo de Protégeme y de su presidenta, Verónica Acacio. Leidy Campos en todo momento repudió a mi abogada y me solicitó de manera explícita no informarle nada a la licenciada Acacio y pedirle todas las pruebas que ella tenía, argumentando que ella se encargaría del caso, ya que Verónica no lo sabría llevar, y que sólo buscaba salir en los medios de comunicación, que Verónica no tenía buen corazón. Argumentó a su favor que yo contaría con todo el apoyo de la PJ ya que era una institución de índole gubernamental y no una asociación civil. Realmente se me hace decepcionante y denigrante, después de haber depositado toda mi confianza en la señora Leidy Campos para que atendiera mi caso y el de las otras víctimas, que haya violado todas mis garantías y derechos humanos, así como también los de las otras menores, proporcionando a muchos medios de comunicación material que yo presenté como pruebas para esta instancia gubernamental, sin cuidar mi anonimato y sin guardar el debido sigilo que mi protección y seguridad ameritaban, dando incluso hasta el número de mi celular y direcciones particulares, la mía y la de las otras víctimas, a la prensa.

La voz de Emma se quebraba desde el principio de la lectura y, sus manos, visiblemente temblorosas, pusieron nervioso a más de un periodista. La conferencia de prensa se convirtió en una reflexión intensa. El simple hecho de que la víctima de Succar se sintiera en la necesidad de esconder su rostro bajo un rebozo fue un simbólico grito de ayuda.

—Yo no soy a quien deben juzgar —dijo en voz baja, cuando por fin su voz se quebró y el llanto le impidió seguir.

Los reporteros guardaron silencio. Minutos después hicieron preguntas a los representantes de la barra de abogados y de las ONG, quienes reiteraron la súplica de la víctima y solicitaron en público que se investigara al subprocurador Pech Cen y a Campos Vera por la flagrante violación a los derechos humanos de las víctimas.

Al día siguiente, los medios mostraron las declaraciones de esta conferencia y la respuesta escueta de la procuradora Pérez Gordillo.

Ante la petición de que se investigara y despidiera a los dos funcionarios que pusieron en riesgo a las víctimas, la abogada del estado respondió:

—No hay nada que investigar. Ellos cumplieron con su deber y yo ordené esa conferencia de prensa para que la gente se indignara y detuvieran a Succar Kuri.

Ante el azoro de la comunidad, la procuradora admitió haber autorizado que se exhibieran en público pruebas, videos, grabaciones y fotografías de niñas desnudas. Se negó a comentar la decisión de Leidy Campos de proveer a todos los medios los nombres completos, direcciones y números telefónicos de todas las víctimas.

Ya se discutían los nombres de Miguel Ángel Yunes Linares, entonces diputado federal y hoy subsecretario de Seguridad Pública; Emilio Gamboa Patrón, senador de la República; Kamel Nacif, magnate de las maquiladoras de ropa, y Alejandro Góngora Vera, como parte de una red de protección a Succar Kuri, con posibles nexos con el crimen organizado.

Todavía a principios de noviembre de 2003 amigos del empresario Jean Succar aseguraban que las declaraciones de las menores eran infundios, al menos las relacionadas con pornografía y lavado de dinero.

El primero en sostener esto fue Alejandro Góngora Vera, quien, mostrándose confuso y estresado, llevó a cabo una entrevista radial en el restaurante El Café de la Náder, en el que se dan cita a diario los periodistas de la ciudad y donde circulan los políticos que quieren ser vistos y entrevistados.

Dos días antes, una de las niñas víctimas declaró que el ex regidor Góngora Vera era compadre de Succar y sabía muy bien que éste mantenía relaciones sexuales con menores. Esa misma semana, el hasta ese momento secretario del Ayuntamiento, Eduardo Galaviz aseguró en sus oficinas de la alcaldía que cuando Góngora era regidor en tiempos de la alcaldesa Magaly Achach, una tarde conversaba con algunos colegas políticos sobre su cansancio y el estrés que sufría, a lo que Góngora, tomando su teléfono celular, le dijo sonriente:

—Lo que necesitas es una niñita para cogértela, yo te la consigo.

Galaviz asegura que salió indignado de la oficina sin responderle al regidor priísta.

Mientras Góngora se presentaba en la radio para negar los hechos, su nombre fue revelado en los testimonios de cinco menores víctimas del libanés que se presentaron a denunciar los hechos ante el Ministerio Público del Fuero Común (MPFC). Alejandro Góngora se contradijo innumerables veces, incluso en sus declaraciones ministeriales, al cuestionársele sobre su cercanía con Succar Kuri y los actos delictivos del sujeto. En la averiguación previa 7151/2003 figura el nombre de Alejandro Góngora Vera como uno de los amigos y hasta "compadre" de Succar Kuri. Según los testimonios de las pequeñas, en alguno de sus encuentros con el pedófilo el ex funcionario se presentó ante ellas como un empresario de televisión. Y, ciertamente, en aquellos tiempos y durante un corto periodo, Alejandro Góngora fue director de Televisión Azteca en Cancún.

La declaración de una de las menores indica que Góngora habría solicitado a Succar que le enviara niñas para que "lo acompañaran", sin abundar en más datos. Muchos se preguntaban por qué parecía tan importante la presencia de un funcionario público como Góngora Vera en la vida de Jean Succar. Los más suspicaces dedujeron que había gato encerrado. Y poco a poco fue apareciendo un león...

8. ¿Políticos y explotación sexual?

Entre los cargos públicos que ocupó Alejandro Góngora Vera figuran la delegación de Migración y del Seguro Social en Cancún, la dirección general del Fondo Nacional de Fomento al Turismo (Fonatur) en la misma ciudad y en fechas recientes (2001) el de primer regidor en el cabildo municipal.

Durante aquella entrevista en el programa radiofónico *Desde el café*, Góngora declaró que conoció a Succar cuando intentaba vender unos locales comerciales en el aeropuerto de Cancún, propiedad suya y del entonces senador priísta Emilio Gamboa Patrón, poderoso político yucateco vinculado a los ex presidentes Miguel de la Madrid (de quien fue secretario particular) y Carlos Salinas de Gortari.

Según él, el contacto inicial entre Succar y él ocurrió hace cerca de diez años y cultivaron una amistad que se consolidó a lo largo de una década, al grado de convertirse en compadres.

En la entrevista, el ex regidor aseguró que él "ponía las manos al fuego y avalaba la conducta honorable de su compadre Jean Succar". Sostuvo que era tal la confianza que sentía en el libanés nacionalizado mexicano que le confiaba a sus hijos para que fueran a su casa, al cine o a pasear adonde quisieran. La propia esposa de Góngora, meses antes de que se descubriera de modo público a Succar, contradijo esta declaración, al asegurar a amistades cercanas que ella nunca permitía que sus hijos salieran con el sujeto porque a ese señor "le gustan las niñitas".

Para el 9 de noviembre de 2003 los medios reflejaron las contradicciones de Góngora Vera al afirmar que no tenía nada que ver con el caso pues tres días antes de esa declaración mantuvo una entrevista privada con su abogado en el Distrito Federal. El regidor fue llamado por la PGR para presentarse el viernes 31 de octubre a declarar sobre su supuesta participación en algunos de los delitos imputados, pero en lugar de asistir a esa cita, se reunió con el destacado penalista Juan Velásquez, quien desde los primeros días se convirtió en su abogado defensor.

La PGR sólo lo convocó por tener conocimiento y nexos de negocios con Succar. Para esas fechas no había ninguna denuncia formal en su contra y tampoco se le citó como inculpado o indiciado. De tal manera, su ausencia alertó a los agentes del Ministerio Público de la PGR.

De igual suerte, la elección de abogado hecha por Góngora levantó aun mayores sospechas en ellos.

Juan Velásquez no es sólo uno de los penalistas más costosos del país, sino que ha sido abogado defensor, por ejemplo, del líder del Sindicato de Trabajadores Petroleros de la República Mexicana, Carlos Romero Deschamps; del ex presidente de la República, Luis Echeverría Álvarez, acusado —entre otras cosas— de genocidio en el movimiento estudiantil de 1968; del ex director de Seguridad Pública de la Ciudad de México, Arturo *el Negro* Durazo; asimismo, fue el primer abogado de Raúl Salinas de Gortari, preso en Almoloya.

Un allegado de Góngora Vera reveló que fue Emilio Gamboa Patrón quien llevó a aquél con Juan Velásquez y le dijo que no se preocupara, que él se encargaría de apoyarlo con lo que fuera necesario, refiriéndose a los altos costos de los servicios del litigante.

Mientras el compadre de Jean Succar se defendía de las declaraciones de las menores y de los ataques directos de la prensa local —en particular del *Poresto!* de Quintana Roo y del *Que Quintana Roo se entere*—, las especulaciones de los empresarios se nutrían de las breves declaraciones de las autoridades federales de la PGR. Ya no era cuestión del abuso sexual de unas cuantas menores, asunto que no los escandalizó de manera evidente; ahora se hablaba de nexos con el crimen organizado y de lavado de dinero a través de los negocios que Góngora y Succar poseen hasta la fecha en el aeropuerto de Cancún. Eso puso en estado de alerta a más de un amigo, socio u hotelero que en algún momento fuera apoyado por Alejandro Góngora a su paso por el Fonatur, o por Gamboa Patrón por mediación del primero.

Investigarlo a él a fondo podría implicar regresar a las negociaciones que hiciera mientras encabezó el Fonatur, así como a las intervenciones directas de Gamboa Patrón para comprar y vender terrenos con gran discrecionalidad. Éste apenas había salido ileso de una seria acusación por parte del entonces contralor de la Secretaría de Contraloría y Desarrollo Administrativo (Secodam), Francisco Barrio, quien aseguró que cumpliría su compromiso de atrapar a todos los "peces gordos" sin excepción, "caiga quien caiga". El senador priísta Emilio Gamboa Patrón sería, según Barrio, el próximo funcionario a investigar en el ámbito penal por su presunta participación en el desvío de más de cincuenta y ocho millones de pesos, cuando encabezó la Subsecretaría de Comunicación Social de la Secretaría de Gobernación (Segob) en 1998. De allí derivó la primera investigación de la PGR en busca de nexos entre el lavado de dinero, Succar, Gamboa Patrón y Góngora Vera, que aún sigue abierta, según consta en informes oficiales de la AFI.

Las amistades de Alejandro Góngora, pertenecientes a la alta sociedad cancunense, denominada por la periodista de sociales Mariana Orea como "La Cancuniqué", comenzaron a alejarse de él, al grado de no invitarlo a los eventos sociales de la zona residencial Pok Ta Pok, el club de golf de la zona hotelera donde habitan, en casas de lujo, varios empresarios pioneros de Cancún.

Carlos, un amigo cercano de Góngora, aceptó conceder una entrevista, bajo la condición de mantener su nombre completo en resguardo por temor a las represalias de éste.

—Nos encontrábamos en casa de Víctor R., como muchos fines de semana en las comidas donde convivimos con nuestras esposas. Tú sabes, Rocío, la esposa de Alejandro, al igual que la de Víctor y muchas otras, son muy persignadas y se pasan el día moralizando. En ese entonces casi todos conocíamos a Succar, le decíamos *el Libanés*, aunque ahora me enteré por la prensa que también le llamaban Johny; nunca fue de mi especial agrado, era muy petulante. Ya ves que en esas reuniones los hombres están de un lado bebiendo y hablando de golf y las mujeres en otro, platicando de sus cosas. Pues yo me acerqué a mi esposa, y en ese momento estaba hablando Rocío, la mujer de Alejandro Góngora, y la escuché decir: "Yo no permito que Alejandro lleve a mis hijos a casa de Succar, a ese señor le gustan las niñitas". Las demás señoras hicieron comentarios como "¡Qué barbaridad!" y esas cosas, pero no abordaron más el tema. Esto sucedió por el año 2000, y ahora todos actúan como si estuvieran sorprendidos. Eso me enoja; mucha gente lo sabía y se hacía ojo de hormiga, sobre todo los amigos cercanos del libanés, porque iban a su hotel a las fiestas privadas que organizaba y después salían con él en el yate de Miguel Ángel Yunes, el senador; ese sí es muy cercano a Succar.

Aunque él negó rotundamente todos los alegatos en su contra, incluidos los que se filtraron de las oficinas de la policía judicial del estado en los que se asegura que consta en actas la declaración de una niña contra Góngora Vera, también ex delegado del Instituto Mexicano del Seguro Social (IMSS); Antonio Callejo, periodista y corresponsal de la agencia APRO, publicó una investigación que él mismo realizó, que le permite asegurar que para el 5 de noviembre de 2003 Góngora Vera canceló la matrícula de sus hijos en un prestigiado colegio privado de la ciudad, cambió su domicilio y puso en venta un edificio de su propiedad en la céntrica avenida Náder, que ya luce un anuncio de una empresa local de bienes raíces.

9. Los hoteleros toman postura

El jueves 6 de noviembre de 2003 fue un día histórico. Por primera vez en la vida de Cancún la Asociación de Hoteles de Quintana Roo (AHQROO) asumió una postura pública clara y expresa contra un hecho delictivo referente al abuso sexual y probables nexos con el crimen organizado en dicha ciudad.

Acostumbrados siempre a anteponer la imagen impoluta del destino turístico en los medios, los miembros de este sector han sido un factor decisivo en la concentración de la opinión pública.

Las dos fuerzas empresariales más poderosas del estado han sido la Coparmex y la AHQROO. Es por ello que la comunidad quedó sorprendida cuando el viernes por la mañana apareció en la primera sección de *La Voz del Caribe* la declaración de la vicepresidenta de la Asociación de Hoteles, la abogada Ana Patricia Morales Portas, quien se pronunció por llevar hasta las últimas consecuencias las investigaciones que sobre la red de explotación sexual y pornografía infantil sigue la PGR y que implican al pedófilo Jean Succar Kuri como uno de sus principales integrantes.

Esa tarde, Ana Patricia Morales fue entrevistada en sus oficinas; como siempre, iba vestida de manera impecable con traje sastre y camisa blanca, maquillaje muy natural y el cabello castaño suelto hasta los hombros, de cuerpo delgado pero contundente.

Habló con el tono de voz que acostumbra usar —mismo que le ha ganado el temor de muchos hombres—, fuerte, determinante y siempre fijando la mirada de color miel en su interlocutor.

Las declaraciones de Morales Portas causaron un fuerte impacto, incluso en el sector hotelero. Algunos miembros de éste, de manera personal y en reuniones amistosas, se mostraron indignados por la postura de la abogada y expresaron que siempre es mejor mantenerse lejos de esos temas espinosos.

—Cuidar la imagen del destino no es solapar la impunidad. En el sector hotelero nos pronunciamos porque se llegue hasta las últimas consecuencias, sin importar de quién o quiénes se trate, sin miramientos ni consideraciones —aseguró la abogada.

La reportera Adriana Varillas le cuestionó el porqué de este drástico giro en la postura de la Asociación de Hoteles, puesto que ante otros hechos delictivos su gremio exigía silencio total con respecto a la existencia de operaciones u organizaciones criminales de ésta o de cualquier naturaleza, incluido el narcotráfico; todo ello bajo el argumento de preservar la alta ocupación hotelera y la imagen de polo turístico seguro para el turismo.

Morales Portas respondió:

—Ni el sector hotelero, ni la Asociación de Hoteles, ni yo, podemos permitir que situaciones como éstas, tan deplorables y desagradables, sigan ocurriendo y no se aplique todo el peso de la ley. Ya discutí el tema con el presidente de la asociación, el señor Abelardo Vara, y decidimos asumir esta postura porque es lo ético. Y cuando digo caiga quien caiga, incluyo a cualquier miembro del gremio hotelero, hablo en serio. Quien esté involucrado es responsable de sus actos y, por tanto, tendrá que enfrentarse a las consecuencias; llámese como se llame, así de fácil.

Además de la posición del gremio, la abogada Morales Portas, quien es reconocida como una política de primer nivel reservada en sus emociones, sorprendió a más de uno al comentar sobre las acciones inadecuadas de la Procuraduría de Justicia:

—Aunque es claro que respaldamos a las autoridades que ven el caso, así como todas las acciones que deban realizarse, el sector recomienda a las instancias involucradas ser más cuidadosas con el manejo de las investigaciones y el trato a las víctimas. Estamos hablando de criaturas, de seres humanos, de gente que ya fue pisoteada, humillada, lastimada, y aquí las autoridades deben tener mucho cuidado en sus actuaciones y llevar el proceso muy limpio, muy transparente. En lo personal soy mamá, soy humana, soy hija, y creo que cualquier persona debe ponerse en los zapatos de las víctimas.

Lo que muchos desconocen es que Ana Patricia Morales Portas, desde hace años y con toda discreción, ha brindado un fuerte apoyo a varias organizaciones de la sociedad civil, en particular aquellas dedicadas a proteger y cuidar a menores con discapacidad, parálisis cerebral y autismo, así como una que defiende a mujeres, niños y niñas maltratados por la violencia doméstica y sexual.

Las declaraciones de Morales Portas resultan importantes por su contexto político. Ella trabajó durante años en el sector público al lado de los más rancios priístas, pero, ya residiendo en Cancún, sembró enemistades políticas al plantear fuertes cuestionamientos éticos y emprender investigaciones para transparentar los organismos que encabezó. Entre otros, desempeñó los cargos de delegada del Infonavit y directora general de Fonatur en el periodo anterior a Góngora Vera.

Muchos empresarios locales y estos cuatro conocidos personajes (Góngora, Yunes, Gamboa y Nacif) habrán de reaparecer a lo largo de las investigaciones, lo que hace más compleja la indagación y, a la vez, nutre la movilización de influencias políticas para alimentar la maquinaria de corrupción que permea a las instancias de administración e impartición de justicia de México.

Mucha gente involucrada en negocios con Succar Kuri rezaba para que éste se desvaneciera y no fuera hallado por las autoridades. Eso simplificaría todo.

10. El general viaja a Cancún

El 21 de noviembre de 2003, por la tarde, el procurador general de la República, Rafael Macedo de la Concha, hizo su primera aparición pública en las recién estrenadas oficinas de la delegación de la PGR en la ciudad de Cancún para referirse al caso Succar. Con el rostro prácticamente inexpresivo cuidó las primeras palabras que dirigió a la prensa.

—La AFI y la Interpol trabajan en la ubicación del pederasta Jean Thouma Hanna Succar Kuri, a quien se le integra, además, un expediente por presunto lavado de dinero.

En la sala de prensa hizo eco el murmullo de preguntas. Las y los periodistas presentes llevaban más de treinta días reflejando en los medios locales historias encontradas;

publicaron fotografías en las cuales se exhibían los rostros claros de las niñas víctimas de abuso, así como retratos de sus progenitoras. Al mostrar las fachadas de los hogares de las familias se evidenciaba ante los vecinos quiénes eran las madres de las víctimas, a las que se juzgaba de antemano por haber —supuestamente— entregado a sus hijas al pederasta. Fuera de algunas notas formales del diario *La Voz del Caribe*, hasta ese día las especulaciones de la prensa y la opinión pública demostraban una lucha confusa e infructuosa entre el subprocurador de la Policía Judicial de la zona norte, Miguel Ángel Pech Cen, y la subdirectora de Averiguaciones Previas, Leidy Campos Vera, contra las organizaciones civiles que ofrecieron protección a las víctimas, en particular contra Emma, la joven que tuvo la valentía de denunciar al pederasta que años atrás le arrebatara su infancia.

El procurador Macedo de la Concha puso fin a las especulaciones de lo que para muchos era un "simple" caso local de un hombre de sesenta años con predilecciones sexuales por algunas menores. Aunque cauteloso, abrió la puerta al tema de la investigación referente a los nexos de Succar Kuri con el crimen organizado y una probable red de pornografía infantil.

—Tenemos que esperar —afirmó—, vamos a no especular, vamos a tener las bases más sólidas, pero eso sí, no quedará ningún espacio que deje de investigarse y actuaremos con todo el rigor de la ley. Hay datos, hay elementos, hay evidencias, pero yo creo que es responsabilidad del Ministerio Público cuidar las reservas de la investigación para evitar que haya especulaciones (aunque el Ministerio Público del estado había expuesto todas las pruebas y ventilado copias de las declaraciones de las menores).

Ante la pregunta de si la PGR tenía indicios de los supuestos nexos de Succar Kuri con políticos, unos locales, como Alejandro Góngora Vera, y otros de gran envergadura nacional, como el diputado priísta Miguel Ángel Yunes y el senador Emilio Gamboa Patrón —quien fuera secretario de Estado en tiempos de Carlos Salinas de Gortari y que actualmente ejerce gran poder como operador político del PRI en el país—, el procurador aseguró:

—La Interpol está actuando en el caso y trabaja en coordinación con la procuraduría estatal para que no quede impune este tipo de acciones tan lamentables. El Ministerio Público agotará todos los elementos que sean necesarios con sumo cuidado, con pleno respeto a los derechos fundamentales de las personas involucradas y, desde luego, con atención a las víctimas.

A pesar de sus declaraciones, impregnadas de un claro tinte demagógico, la guerra entre la Procuraduría de Justicia y la PGR ya había comenzado. Los agentes de esta última institución que dieron inicio a la investigación ya habían expresado su desconfianza por la manera en que Succar se dio a la fuga y la —para ellos— "sospechosa ineficacia" de la Policía Judicial para detenerlo de inmediato. La visita del procurador no respondía en específico al caso Succar; el día anterior había signado un convenio con el gobernador Joaquín Hendricks Díaz y el entonces alcalde Juan Ignacio García Zalvidea para establecer dos nuevas agencias ministeriales en Playa del Carmen y Felipe Carrillo Puerto. Macedo de la Concha hizo estas declaraciones unos días después de que el gobernador del estado regresara de un viaje, por lo que ignoraba, según aseguró en entrevista en la casa de gobierno ubicada en la zona hotelera, la versión de la procuradora de Justicia del estado, Celia Pérez Gordillo. Mientras tanto, el estado psicoemocional de Emma era frágil. Temía por su vida; había recibido amenazas de muerte tanto de Succar como de Gloria Pita, pero también, aunque veladas, varias llamadas de Leidy Campos amenazándola.

Emma voló a la Ciudad de México protegida por personal del CIAM Cancún. Llegaron al sótano del edificio que alberga a la AFI, con Ricardo Gutiérrez Vargas, director de la Interpol en México. Allí la joven explicó toda su situación y solicitó protección de esta institución pues, según aseguró, se sentía presionada por Succar Kuri para retirar la demanda penal. Quedó resguardada en un departamento del Distrito Federal con protección las veinticuatro horas del día.

Transcurrió el mes de diciembre. En tanto las víctimas recibían protección de las ONG, el DIF municipal, coordinado por la procuradora de la Familia, Maribel Villegas Canché, abría una guerra frontal contra dichas organizaciones, argumentando que el DIF era quien debía cuidar a las y los menores, separándolos de sus madres porque éstas eran "dañinas" para ellos. En esta guerra de declaraciones participaban en forma activa Leidy Campos y la maestra de formación moral, Paulina Arias.

11. Aparecen los videos

La noche del 8 de enero de 2004, Miguel Ángel Hernández Castrillón, delegado de la PGR en Cancún, concedió la primera entrevista en la que admite el tipo de pruebas recabadas durante la investigación, pruebas que demuestran que Succar Kuri elaboraba videos pornográficos con sus víctimas.

Hernández Castrillón señaló que los videos, los cuales contienen escenas pornográficas y testimonios de menores de edad que confirman la participación en esos hechos de personajes públicos, ya están en poder de la PGR. Confirmó lo que hasta el momento la Procuraduría de Justicia de Quintana Roo aún negaba de manera tácita: que la policía cibernética de la PFP llevó a cabo una serie de investigaciones en noviembre y diciembre de 2003 en páginas de internet para constatar si el implicado Succar Kuri se relacionaba con la pornografía infantil.

La delegación de la PGR en la entidad ratificó tener en su poder varios videos que involucran a ex funcionarios públicos y políticos en la red de pornografía infantil que encabezaba el empresario de origen libanés Jean Succar Kuri. El funcionario aceptó en público que los videos habrían sido grabados por el aún prófugo Succar Kuri y mencionó que en las cintas aparecen nombres de funcionarios y políticos de los tres niveles de gobierno, así como de acaudalados empresarios que habrían asistido a las reuniones organizadas por el presunto pederasta de Cancún. Agregó que las personas involucradas en las cintas serían citadas a declarar, para escuchar sus testimonios personales y deslindar responsabilidades, "independientemente de los cargos políticos o empresariales que ocupen".

Justo un año después, en diciembre de 2004, Miguel Ángel Hernández Castrillón, delegado de la PGR en Cancún, fue detenido y trasladado a la Ciudad de México bajo sospecha de haber encubierto la entrada de narcotraficantes a Quintana Roo. Pero antes de que esto sucediera, el delegado hizo varios intentos sutiles para detener la investigación. Una vez, según testigos presenciales, mandó llamar al Ministerio Público para explicarle que su agencia "no era competente en el caso". En otra ocasión —informa una ex funcionaria de la PGR en ese tiempo— "Hernández Castrillón recibió un fax en papelería oficial del diputado Miguel Ángel Yunes Linares 'solicitando la no acción penal contra él'". Sin embargo, los intentos del delegado por desvanecer el caso fueron infructuosos. Ya había demasiadas miradas sobre él para conseguirlo.

Un policía judicial ofreció a varios periodistas una copia del video de esa fiesta que estaba en poder de la PGR. Pedía veinte mil dólares. En él, según el sujeto, se encuentran todos los personajes aquí mencionados y más.

El diputado Yunes Linares enfrentaba suficientes problemas para necesitar lo que él denomina "una falsa acusación". Al tiempo que estas declaraciones salían a la luz, Yunes Linares se topaba con una guerra al interior del partido que oficialmente controlara la política nacional durante setenta años, el PRI. Este partido, que lo albergó desde los inicios de su carrera política en su natal Veracruz, se dividió en dos grandes bandos, uno comandado por el cacique de Tabasco, Roberto Madrazo Pintado, quien pretende ser el candidato para la Presidencia de México en 2006, y otro comandado por la sindicalista Elba Esther Gordillo, gran amiga de Marta Sahagún de Fox y de su esposo, el ex presidente Vicente Fox. A este segundo grupo pertenece Yunes Linares.

En tanto se especulaba sobre la posible participación de Yunes Linares en las fiestas donde se explotaba sexualmente a menores de edad en casa de Johny Succar, él se opuso a un ala de su partido y renunció al PRI. Más tarde se acercó, junto con Elba Esther, al presidente Fox. Su lideresa había negociado, por debajo de la mesa, durante meses con el presidente Fox para dividir el voto del PRI dentro de la Cámara de Diputados y favorecer las acciones del Partido Acción Nacional (PAN) y del propio Fox; al mismo tiempo se negociaban puestos de poder y las probables candidaturas a la Presidencia de la República para las elecciones de 2006. Así, Yunes Linares declaró que el documento de la PGR en el que se le mencionaba era apócrifo y que todo se reducía a un asunto "político". Por consiguiente, se negó a volver a tocar el tema. Ya se negociaba con el presidente Fox el puesto de subsecretario de Seguridad Pública y Prevención del Delito para Yunes Linares.

12. La guerra por la justicia

Mientras Jean Succar estaba aún prófugo, una mañana llamó al noticiario radial del periodista David Romero Vara. Declaró que Leidy Campos le tendió una trampa, que él estaba enamorado de Emma y que todo el asunto era un complot porque Leidy Campos intentó extorsionarlo solicitándole un millón de dólares para no proceder legalmente en su contra. También afirmó que Miguel Ángel Pech lo había traicionado, sin explicar por qué.

Aunque hasta la fecha Succar y sus abogados intentan desestimar la investigación de la Procuraduría de Justicia por los delitos del fuero común de violación, estupro y corrupción de menores (por los que, según él, podría salir libre con mayor facilidad), era demasiado tarde... las investigaciones del fuero federal por pornografía infantil y crimen organizado arrojaban frutos.

La comparecencia de Emma, que aparece en la Averiguación Previa de la PGR 447/203-4, arroja luz sobre las estrategias del pederasta y sus alianzas, que llegaban incluso al interior de la Procuraduría de Justicia. Según uno de los agentes del Ministerio Público Federal, los puntos fundamentales sobre los que la investigación ya ha arrojado pruebas certeras son los que se leen en la declaración oficial de las víctimas.

Sidharta Andrade, el primer abogado defensor de Jean Succar, litigaba en los medios en defensa de su cliente, asegurando que se trataba de un complot tejido con mentiras inventadas por la joven Emma y Leidy Campos para extorsionar al hotelero libanés, ya prófugo de la justicia mexicana. Entretanto, la PGR expedía el primer dictamen sobre la versión de las niñas, referente a que Succar Kuri les tomaba fotografías y videos y los enviaba por correo electrónico a su esposa Gloria Pita y a sus clientes potenciales. El documento oficial indica lo siguiente:

> Con fecha 11 de diciembre se recepcionó el peritaje en materia de análisis forense de equipo de cómputo signado por los Cc. J. M. C. H., subinspector PFP, e I. V. P., suboficial PFP, adscritos a la dirección de tráficos y contrabando, unidad de policía cibernética. Análisis que consistió en el estudio de un CPU propiedad de la denunciante del cual se pudo extraer una imagen relacionada con pornografía infantil, misma que le fue enviada a Emma por Jean Touma Hanna Succar Kuri.

De dicho dictamen los peritos concluyen que, en efecto, hallaron conversaciones cibernéticas entre el acusado y su víctima y que el primero envió imágenes pornográficas junto con imágenes de Emma en 1997; es decir, cuando ella apenas tenía trece años de edad.

En ese mismo documento se recomienda la "consignación ante los tribunales federales por el delito de pornografía infantil previsto y sancionado por el artículo 201Bis del Código Penal Federal".

Como conclusión final se lee en la foja 30 del mencionado documento: "Es procedente la consignación de Jean Touma Hanna Succar Kuri por el delito de pornografía infantil y de su esposa Gloria Pita Rodríguez por el delito de encubrimiento".

13. Succar aparece en Estados Unidos

El viernes 6 de febrero de 2004 los periódicos nacionales amanecieron con la noticia: "Capturan a presunto pederasta buscado en Cancún". "Capturado ayer en Arizona, Estados Unidos, Jean Succar Kuri sostendrá mañana en Phoenix la primera audiencia para su proceso de extradición hacia México. El delegado estatal de la PGR, Miguel Ángel Hernández Castrillón, detalló que más adelante Succar Kuri será llevado a Los Ángeles, California, para presentarlo ante la corte local que giró la respectiva orden de aprehensión."

En conferencia de prensa, el funcionario federal aclaró que a la fecha se habían sumado más denuncias en contra de Succar Kuri de presuntas víctimas de pedofilia, quienes acuden a esa delegación de la PGR para interponer sus demandas. Hernández Castrillón relató que el mexicano-libanés, prófugo desde el pasado 28 de octubre, fue capturado el 5 de febrero en la ciudad de Chandler. El reporte de la policía estadounidense indicó que Succar Kuri creía que enfrentaba a unos cazarrecompensas, por lo que intentó negar su identidad, misma que aceptó una vez que los elementos policiacos se identificaron plenamente.

El delegado precisó que a partir de ese mismo día se abría un periodo para la presentación de pruebas para ambas partes, que se desarrollaría en un lapso de sesenta días, tiempo en el que la Subprocuraduría de Asuntos Internacionales de la PGR iniciaría de manera formal el proceso de extradición. En términos jurídicos, el funcionario dijo que lo que cumplió la policía de Los Ángeles fue una orden de aprehensión con fines de extradición y "ahora procederemos a formalizar su traslado hacia México".

Este libro se escribe a doce meses de esa declaración, después de una audiencia de extradición en la cual el juez de Arizona decidió posponer el juicio por "desconfianza a las autoridades mexicanas".

Aclaró que todo lo referente a su traslado a Quintana Roo se ventilará en el juzgado de Los Ángeles, California, y que incluso el juez federal mexicano que lleva la causa por los delitos de prostitución y corrupción infantil podría librar otra orden de aprehensión. Además, indicó que proseguía la investigación contra el indiciado por presunto lavado de dinero y contra sus posibles cómplices en este delito.

14. Fugitivo mexicano

El 7 de febrero de 2004, el periodista Robert Anglen publicó una nota en el *Arizona Republic*, cuyo contenido fue reproducido por más de seis diarios en los estados fronterizos de Estados Unidos y México. Ya no era éste un asunto de la Procuraduría de Justicia de Quintana Roo; se había convertido en una nota de corte internacional que volvió a poner a Cancún en el mapa periodístico estadounidense. Las notas estaban relacionadas con el negocio del turismo, mas no el oficial que enorgullece al Estado mexicano. Se exhibe, por primera vez en la historia de Cancún, una realidad escondida durante años: el turismo sexual infantil y la existencia de una red de pornografía infantil relacionada en forma directa con el lavado de dinero de hoteleros reconocidos, la corrupción y el encubrimiento de autoridades mexicanas.

El caso Succar evidenció los efectos secundarios de la ley Megan, aprobada en Estados Unidos en 1996. Dicha ley permite que el nombre y la fotografía de todo estadounidense abusador sexual de menores se exhiban en un registro público y que cualquier ciudadano o ciudadana tenga acceso a este registro, incluso por internet. Y surgió a raíz de que un pederasta que salió de prisión por buen comportamiento violó y asesinó a su vecina de ocho años, una niña llamada Megan. Los padres de la criatura lograron que se aprobara dicha ley, argumentando que si hubieran sabido quién era el vecino jamás le hubiesen permitido acercarse a su hija y ésta no hubiera muerto.

La ley Megan, según especialistas como Dean Boyd, de la Agencia de Migración de Estados Unidos, implica que los usuarios de la prostitución infantil forzada han buscado nuevas rutas para cometer su delito. México está muy cerca y los paquetes desde California, Texas y Arizona cuestan hasta mil trescientos dólares, precio que incluye transportación, hospedaje y la participación en "una fiesta sexual con niñas y niños menores de quince años". Gracias a esa ley, la fotografía de Jean Succar Kuri puede ser vista en el sitio www.hallofshamemugshots.com

El U.S. Marshal de Arizona reportó: "Un fugitivo internacional acusado de organizar fiestas pedófilas en México, en las cuales los clientes pagaban por tener sexo con menores de incluso seis años de edad, acaba de ser arrestado en Chandler, Arizona". Describe a Succar Kuri como un mexicano que vive en California, que es propietario de restaurantes y líder de una red de prostitución infantil forzada. Un equipo de U.S. Marshals de Phoenix, Arizona, vigiló durante siete días los movimientos de las personas que acudían a una casa marcada con el número 1100 de West Borrow Drive. Allí se había escondido Jean Thouma Succar Kuri, ciudadano libanés nacionalizado mexicano por matrimonio, pero que a la vez es residente estadounidense, portador de una *greencard* desde 2000, con domicilio propio en Los Ángeles, California.

Mediante la policía internacional, Interpol, el gobierno de Quintana Roo, junto con la PGR, solicitaron la búsqueda y aprehensión de este sujeto por el delito de corrupción de menores y posible pornografía infantil y lavado de dinero.

Esa tarde, Succar Kuri, de cincuenta y nueve años de edad, fue detenido por dos patrullas de la policía que portaban una orden de aprehensión. Se encontraba en la esquina de la avenida que sale a West Borrow Drive, en un semáforo en alto. Cuando fue abordado por el U.S. Marshal se mostró nervioso en grado sumo, tardó mucho en sacar su identificación e insistió en un inicio en ser ciudadano estadounidense, propietario de restaurantes en California. Por fin accedió al arresto sin complicaciones.

—Hemos buscado a este hombre por todas partes —aseveró David González, investigador perteneciente al cuerpo del U.S. Marshal—. Éste es el tipo de sujeto criminal que se convierte en prioridad para nosotros; a cualquier tipo que abuse de niños lo consideramos basura.

John Clark, inspector en jefe de la Fuerza Especial (Special Task Force) del U.S. Marshal, aseguró:

—Los investigadores concluyeron que Jean Succar estaba utilizando un sistema de enrutado de telefonía celular sumamente sofisticado y costoso que enviaba señales hasta Alemania, de allí al Pacífico Sur, para que la llamada llegara a México sin saber a ciencia cierta la localización geográfica del pederasta.

—Son los equipos que utiliza el narco —asegura un agente de la AFI—; si era sólo un hombre enamorado de una niña, ¿de dónde tanta sofisticación en su estrategia de huida? ¿Quién lo protegió?

El giro de los eventos no se hizo esperar. A principios de diciembre de 2004, en un operativo especial de la Subprocuraduría de Investigación Especializada en Delincuencia Organizada (SIEDO) en Cancún, Hernández Castrillón fue detenido por encubrir la entrada de narcotraficantes al estado de Quintana Roo. Esa misma semana apareció entre sus documentos un oficio, fechado luego de la detención de Succar en Arizona y firmado por el diputado Miguel Ángel Yunes, en el cual el legislador ex priísta de Veracruz solicitaba al delegado de la PGR "la no acción penal contra él por las falsas acusaciones de las víctimas en el caso Succar".

Fuentes de la PGR de Quintana Roo aseguran que después de que el ex delegado recibiera ese documento, comenzó a poner trabas a la investigación, ya muy avanzada, del caso Succar, en especial en lo referente al lavado de dinero y los nexos con el crimen organizado. Una ex colaboradora de Hernández Castrillón (ahora también detenida por corrupción) aseguró a la autora que, a partir de la detención de Succar, el "jefe recibió tres llamadas del senador Emilio Gamboa Patrón, solicitándole que no dejara que los infundios de esas niñas siguieran adelante". No se sabe cuál fue la respuesta del delegado.

En esas fechas, el abogado Sidharta Andrade le presentó su renuncia a Succar Kuri. El argumento del joven litigante era muy sencillo: su cliente le aseguró que jamás violó a ninguna menor, que él en realidad se había enamorado de Emma y que todo era un complot en su contra.

De acuerdo con Andrade, resulta imposible defender a alguien que le miente a su defensor. Además, en entrevista concedida durante la realización de este libro, Sidharta Andrade y su hermano Edmar, también abogado de Succar, afirmaron que jamás defenderían a un pederasta. De igual manera, que las circunstancias y su conocimiento de las acciones previas de Leidy Campos, así como de la relación laboral de su cliente con el subprocurador Miguel Ángel Pech Cen, indicaban que podía, en efecto, haber una intriga perversa.

Más tarde Succar se vengaría de los Andrade por medio de su nuevo abogado, un conocido litigante de las mafias llamado Joaquín Espinosa, quien trabajara para el ex gobernador Mario Villanueva Madrid (hoy preso en Almoloya por proteger y coadyuvar al fortalecimiento del narcotráfico en Quintana Roo). Según el acusado, los Andrade cobraron por su trabajo con tres villas de Solymar, ya que el padre de los abogados, Gabino Andrade, tenía aún un poder amplio para realizar negociaciones a nombre de Succar Kuri. Los jóvenes, en denuncia penal contra Joaquín *Guacho* Espinosa, aseveran que éste los amenazó de muerte y, más tarde, se presentó con un grupo de matones en las Villas Solymar donde se encontraban Sidharta y Edmar, y los balacearon, propinándole a uno de ellos una golpiza.

15. Desenterrando viejos huesos

Paulina Arias es una mujer de complexión delgada, profundamente religiosa y que sabe controlar sus pasiones. De vestimenta conservadora, desde hace años es maestra de formación moral de alumnas y alumnos del Colegio La Salle de Cancún, institución religiosa para estudiantes de clase media alta. Allí conoció a su alumna Emma, quien le confió, a los dieciséis años de edad, lo que había vivido con su "tío" Johny Succar.

La intervención de la maestra Paulina Arias en el caso tuvo consecuencias fatales. Aunque ella asegura que en un principio se involucró por su "sed de justicia y porque es lo moralmente correcto", según sus propias declaraciones, llegó demasiado tarde (sabía del abuso desde hacía años). Su injerencia contribuyó a que la torpeza en la intervención de la Procuraduría de Justicia destapara el trabajo silencioso que ya la PGR llevaba a cabo; esto provocó la huida del pederasta, según la opinión de uno de los ministerios públicos federales de la PGR, quien solicitó se omitiera su nombre por razones obvias.

En sus declaraciones ante la PGR, una vez que Succar se diera a la fuga, Arias aseguró que estaba enterada de los abusos de aquél desde hacía tres años (2001), cuando la testigo principal era su alumna de formación moral en la escuela La Salle. Incluso la maestra, en su afán de mostrar a la PGR que actuaba en buena lid, llevó ante Arturo Maldonado, ministerio público federal experto en investigaciones de pornografía infantil, un diario de su computadora, en el cual escribió con lujo de detalles todas las confidencias privadas de sus alumnas, incluyendo, claro está, las de la primera delatora de Succar.

Paulina no sabía en ese momento que el estupro, la corrupción de menores y la pornografía infantil se persiguen de oficio y que una persona adulta enterada de tales hechos que se reserve denunciarlo a las autoridades puede ser indiciada por delito de omisión. La maestra abrió un ataque frontal en los medios contra la abogada Acacio y las ONG, lo que enrareció aún más el ambiente y favoreció el escándalo en los medios. Incluso terminó por darle la espalda a su ex alumna y acusarla de complicidad con su violador. Quienes conocen a Paulina aseguran que cayó presa del miedo cuando supo que la PGR podría procesarla por guardar silencio tantos años. Arias, quien perdió su trabajo en La Salle, estaba muy asustada y desconfiaba de todos los que la rodeaban.

La hipocresía social se hizo patente en esos días. En tanto, todo Cancún discutía el escándalo de Succar Kuri; en la escuela católica La Salle bullía el miedo. Roberto, joven estudiante de esa preparatoria, lo explica:

—Estábamos en el patio y un chavo comenzó a decir que quién se iba a imaginar que Johny, ese ruco que nos llevaba a los chavos y chavas de la escuela a la disco Dady'O y nos pagaba las cuentas, iba a ser un abusador de niñas. Otros se acercaron y se hizo una bolita. Todos hablaban al mismo tiempo. Uno de ellos comentó: "¿Se acuerdan que los llevaba a la disco y luego a sus villas y les decía que allí podían echarse un palito a gusto? ¡Qué tal que los filmó a ustedes! ¡Y a sus novias!". Dos cuates se le fueron a golpes y lo dejaron bien dañado. Creo que estábamos asustados. Días después, cuando la mamá del golpeado fue a hablar con el director de la escuela, les dijeron que el tema Succar estaba vetado, que ese nombre no se volvería a mencionar.

De acuerdo con Roberto, al menos tres o cuatro generaciones de estudiantes de secundaria y prepa eran "amigos" del Johny.

Aseguró que varios maestros estaban enterados y nadie decía nada. Era un secreto a voces. Lo de Emma lo sabía media escuela antes de que tronara, y no era la única, había otras diez o quince niñas que habían pasado lo mismo que ella. Sus papás no tenían ni la más remota idea.

Mientras tanto, la Procuraduría de Justicia, perdida en dimes y diretes, dejaba en un cajón la cinta de audio en la que se grabó una conversación entre Emma, la denunciante y Gloria Pita, la esposa de Jean Succar Kuri. La siguiente es la transcripción exacta y total de esa conversación, que arroja luz sobre la complicidad de la esposa en el abuso de los menores.

Suena el teléfono…
Gloria: *Hello*.
Emma: Bueno, señora Gloria, habla Emma. ¿Que me habló por teléfono?

Gloria: Sí.

Emma: Sí, dígame.

Gloria: Oye, ¿por qué le quieres hacer daño a mi esposo?

Emma: No le quiero hacer daño.

Gloria: ¿Entonces?

Emma: No sé de qué habla, no sé por qué piensa eso.

Gloria: Tú bien sabes de qué estoy hablando.

Emma: No sé de qué me está hablando, no sé qué tanto le dijo a mi mamá que estaba muy alterada.

Gloria: Claro que hablé porque yo no voy a permitir que tú le hagas daño a mi, a mi marido.

Emma: No es mi intención hacerle ningún daño.

Gloria: Entonces, ¿por qué estás haciendo lo que estás haciendo?

Emma: No voy a hacer nada injusto, ¿qué piensa que estoy haciendo?

Gloria: Injusto, porque tú sabes y esas niñas saben que él no hizo nada.

Emma: ¿Y usted qué sabe?

Gloria: Yo sé todo.

Emma: ¿Qué es todo?

Gloria: Yo sé todas tu [ininteligible]… tuya y de ellas.

Emma: Ah, ¿es mi historia y de ellas?

Gloria: Y, pues, yo no sé qué es lo que tú estás haciendo, estás convenciendo a esas niñas para que hablen de más.

Emma: No, para nada.

Gloria: ¿Entonces?

Emma: Yo me llevo con las niñas pero no las estoy convenciendo para nada, no sé por qué piensa eso.

Gloria: Entonces, ¿por qué fuistes a hacer eso?

Emma: Es que no entiendo qué revoltijo se traen, pero ¿qué es lo que fui a hacer?

Gloria: Tú sabes y yo no puedo hablar aquí delante de mis hijos de eso.

Emma: Mmm, ¿y no puede alejarse?

Gloria: ¿Perdón?

Emma: Es su celular, ¿no?

Gloria: Sí.

Emma: Este, ¿no puede alejarse para hablar?

Gloria: No, porque afuera está lloviendo.

Emma: Mmm… si quiere le vuelvo a marcar cuando pueda hablar.

Gloria: No, no, ¿por qué no de una vez? Yo lo único que quiero saber es por qué le quieres hacer daño.

Emma: Pues es que no, no tengo intención de hacerle daño, ni a él ni a nadie.

Gloria: Pero ¿por qué lo estás haciendo? ¿Por qué estás haciendo eso?

Emma: Pero es que, ¿qué estoy haciendo? Sólo dígame.

Gloria: Que le metistes una demanda y llevastes a tu hermanita y a tu hermanito y a Katia a declarar… y a tu sobrina.

Emma: ¿A mi hermanito?

Gloria: Sí.

Emma: Yo creo que ni siquiera usted misma sabe de lo que está hablando, claramente.

Gloria: Yo sí sé porque mi marido me habló ayer y me dijo de qué se trata la demanda.

Emma: ¿Y de qué se trata? Según ustedes, más bien.

Gloria: Pues, no sé, fue lo que dijo el abogado… por eso le hablé a tu mamá, quiero saber de qué se trata, qué es lo que quieres.

Emma: Yo no quiero absolutamente nada.

Gloria: ¿Entonces?

Emma: Ay, ¿qué le puedo decir al respecto?

Gloria: ¿Perdón?

Emma: ¿Qué le puedo decir? No, no quiero nada, yo simplemente quería saber por qué le habló a mi mamá porque, *pus*, mi mamá es punto y aparte de esto, digo, ella desconoce muchas situaciones.

Gloria: Porque tu mamá es mamá de esa niña y tu mamá puede convencer, así como tú co… la convenciste, tu mamá la puede convencer también e ir a declarar que todo lo que dijo es mentira.

Emma: Pues, digo, no creo que yo pueda manipular a una, a una niña para que declare o para que invente, si es que lo hice y mi mamá tampoco podría.

Gloria: Claro que sí porque es una niña y es fácil de convencerla.

Emma: ¿Ah, sí?

Gloria: Sí.

Emma: Precisamente, ¿verdad?

Gloria: Así es.

Emma: Eso lo debe saber muy bien su esposo.

Gloria: También él lo sabe, fíjate, pero tú cuando llegastes a él ya no eras una niña.

Emma: ¿No? ¿Y qué era yo?

Gloria: Tú ya sabías al revés y al derecho todo, de qué se trataba.

Emma: A los trece años, ¿usted cree?

Gloria: Sí.

Emma: Mmmm… usted llegó a los quince con él, ¿no?

Gloria: No, un poquito más grande.

Emma: Mmm, él me había dicho que como a los quince, dieciséis.

Gloria: No, te dijo, te informó mal.

Emma: Pues sí… pues no, yo no creo que una niña de trece años todavía sepa lo que hace realmente.

Gloria: Pues yo hasta los... [Se detiene bruscamente y guarda silencio.]

Emma: Alguna vez usted tuvo trece años y debe saber a lo que me refiero.

Gloria: Yo tuve trece años y yo sabía lo que me convenía y lo que no me convenía en ese entonces... y eran otras épocas, se supone que estábamos más cerrados en aquel tiempo, ahorita ustedes ya están más abiertas.

Emma: Pues sí, ahorita sí.

Gloria: Y si uno comete errores es porque quiere...

Emma: No, no siempre.

Gloria: ...no porque las obligas... sí. [Se nota nerviosa y tartamudea.]

Emma: No, cuando no tienes la información ni la educación ni... no, no, desgraciadamente no es así. Y cuando no tienes una protección de tus padres, menos.

Gloria: Hasta, hasta donde yo sé tú tenías a tus papás.

Emma: Pues si los tenía, ¿dónde estaban en ese momento?

Gloria: Eso no es culpa mía que te hayan dejado sola.

Emma: Exactamente.

Gloria: No es culpa de nosotros que no te hayan dado la información.

Emma: No, no le echo la culpa a nadie, de hecho... porque realmente hasta mis padres son ignorantes en muchos aspectos.

Gloria: No creo.

Emma: Yo sí lo creo.

Gloria: No lo creo.

Emma: Usted lo sabe que sí.

Gloria: No, hoy en día nadie, nadie es ignorante. Hace treinta años, te lo creo, pero hoy en esta época nadie es ignorante.

Emma: Mmm.

Gloria: Hay mucha información, mucha televisión.

Emma: Pues sí.

Gloria: Yo, yo le llamé a tu mamá para saber qué es lo que quieres.

Emma: Sí, sí me dijo que le dijo de los videos y todo, ¿no?

Gloria: Sí.

Emma: Mmm.

Gloria: Por desgracia, mi marido… yo, no lo sé, le llamo desgracia o, o buena suerte o pendejada que mi marido me contaba todo.

Emma: Al igual que a mí.

Gloria: Ah, pues sí. Es muy comunicativo él, él nos platica todo a todas… porque no somos las únicas ni las últimas, ni las primeras.

Emma: Mmm.

Gloria: Pero da la casualidad que yo me robé unas cosas que encontré en la casa [de Solymar] y aquí las tengo.

Emma: ¿Qué… los videos donde estoy con las niñas?

Gloria: Hmjm [afirmativo] y muchas cosas más.

Emma: Sí… y donde estoy con él, me imagino.

Gloria: También.

Emma: Mmm, pues sí.

Gloria: También todo eso lo tengo…

Emma: Mmm.

Gloria: …con Yanina, con todos, todas.

Emma: ¿Con quiénes todas?

Gloria: Todas, tú debes de saber quiénes.

Emma: Mmm, pues la verdad, quizá fueron tantas que ya ni me acuerdo.

Gloria: Ah, pues ¿ya ves?

Emma: Claro.

Gloria: Haz un poquito de memoria para que cuando estemos en el juicio, no te sorprendas.

Emma: ¿Qué, va a pasar los videos en el juicio?

Gloria: Claro.

Emma: ¿Ah, sí?

Gloria: Sí [con voz muy segura].

Emma: Mmm.

Gloria: Y yo lo único que digo es que… [Silencio]

Emma: ¿También va a sacar el de, en el que estoy teniendo relaciones con Johny?

Gloria: También.

Emma: Mmm.

Gloria: Así es, se lo estás chupando tú y él te lo está chupando.

Emma: ¿Qué me está chupando?

Gloria: Ay… la cabeza. [Se burla.]

Emma: Ah.

Gloria: Yo lo único que quiero saber es por qué le quieres hacer daño, es todo.

Emma: No le quiero hacer daño, este…

Gloria: Entonces, ¿cuál es tu juego?

Emma: ¿Y por qué tiene usted ese video donde yo estoy con Johny?

Gloria: Yo me lo robé.

Emma: ¿Usted se lo robó?

Gloria: Sí.

Emma: Mmm, ok. Pero ya tiene muchos años ese video.

Gloria: Mmm, un buen rato.

Emma: Sí, pues sí, un buen rato. ¿Cómo cuántos años tenía yo ahí, a ver?

Gloria: Ni tengo idea cuántos años tienes ahorita, ¿cómo voy a saber…?

Emma: Ahorita tengo veinte y con Johny terminé como a los diecisiete años y medio, más o menos.

Gloria: Es… a los dieciséis.

Emma: ¿A los dieciséis terminé con él?

Gloria: Hmjm [afirmando].

Emma: ¿Usted cree?

Gloria: Sí.

Emma: Bueno, pues no.

Gloria: Sí, porque ya después ya no hubo nada porque salió Iván.

Emma: Mmm, salió a los diecisiete y medio Iván. [Iván es el que fue novio de Emma después de que se alejara de Johny.]

Gloria: No sé.

Emma: Bueno, ya lo sabe porque se lo estoy diciendo, pero bueno, de cualquier manera, fue de los trece, si usted cree que fue de los trece a los dieciséis, pus me da igual, ¿no?… pero bueno, entonces el video viene siendo desde los trece años a… entre los trece y los dieciséis años.

Gloria: Ese video no fue de los trece, fue un poco después.

Emma: ¿De los… catorce?

Gloria: No sé.

Emma: Mmm.

Gloria: No sé y yo lo único que quiero saber es qué es lo que quieres, por qué le quieres hacer daño.

Emma: ¿A qué le llama usted hacer daño?

Gloria: ¿Cómo que a qué, a qué le, a qué le llamo?

Emma: Hmjm.

Gloria: Sí, ¿por qué le quieres hacer daño?, ¿por qué le hicistes esa demanda?, ¿por qué estás convenciendo a esas niñas para que hablen?

Emma: ¿Para que hablen?

Gloria: Ajá, para que digan que… ¿qué es lo que van a decir? Violación ¿de qué?, ¿de quién?, ¿a qué horas?, ¿cuándo fue eso?

Emma: Es que esas preguntas se las debe hacer a Johny, no a mí, a su esposo… ¿por qué él…? [La interrumpe.]

Gloria: Ya se las hice.

Emma: ¿Y qué le dice él?

Gloria: Él no hizo nada.

Emma: ¿Que él no hizo nada?

Gloria: No.

Emma: Que no…

Gloria: Tú se las llevabas.

Emma: Yo se las llevaba ¿por orden de quién?

Gloria: Ay, m'ijita, hasta donde yo supe nunca te puso una pistola para que se las llevaras.

Emma: No, no hace falta poner pistola para que…

Gloria: ¿Entonces?

Emma: …cumplas órdenes.

Gloria: No, cuando uno no quiere cumplir órdenes, no las cumple.

Emma: Cuando te manipulan psicológicamente sí.

Gloria: Mmm… no.

Emma: Hmjm.

Gloria: No sé, yo, yo esos cuentos… ya de, de las esas personas que, que están haciendo esto ya no me las creo porque en su momento lo gozan, en su momento lo disfrutan y ya después salen que son víctimas, antes no.

Emma: Mmm… si alguna vez yo hubiera disfrutado algo, quizá hubiera cambiado un poco pero…

Gloria: Yo pienso que en su momento lo disfrutastes, yo no sé por qué ya se te olvidó todo eso.

Emma: No, no se me olvida nada, desgraciadamente. Ojalá pudiera olvidar algo…

Gloria: Pues, ¿entonces?

Emma: Pues entonces ¿qué?

Gloria: ¿Entonces por qué si en su momento lo vivistes, por qué ahorita quieres echar a perder ese momento que viviste?

Emma: Lo viví porque me enseñaron que así era la vida, que así eran todas, que todas las niñas desde los seis años estaban cogidas y estaban abiertas y eran unas putas.

Gloria: Es que sí es cierto, ¡es cierto!

Emma: ¿Es cierto?

Gloria: Es cierto, sí…

Emma: ¿Cómo…?

Gloria: …aquí en Estados Unidos, en China y en todos lados.

Emma: ¿Qué, qué es cierto?

Gloria: Es cierto, desde los seis años empiezan con eso, los siete años.

Emma: ¿Desde los siete años todas las niñas ya…?

Gloria: [ininteligible]… no vas a tapar el sol, eso es imposible de taparlo.

Emma: Pues no, pues no sé, yo ya no veo la vida así, así me enseñó a verla Johny, o sea… que todas las niñas son…

Gloria: Hoy en día los, las niñas a los siete, seis años se casan; a los siete, seis años te dan clases de sexualidad.

Emma: ¿Sí?

Gloria: Sí.

Emma: ¿Cómo crees?

Gloria: A esa hora te dan ellas or… te, te enseñan a esa edad. Yo no sé por qué te espantas, yo no sé por qué dices que te manipularon.

Emma: Porque es la verdad, porque yo a los trece años nunca había tenido relaciones hasta que conocí a su esposo, porque yo nunca había conocido muchísimas

123

cosas hasta que conocí a tu esposo.

Gloria: Cuando tú conocistes a mi marido ya te habías acostado con alguien antes.

Emma: Nunca en la vida me había acostado con alguien antes.

Gloria: Ok.

Emma: Digo, a estas alturas realmente me da igual lo que pienses, pero él lo sabe y sabe cómo hacer también muchas cosas.

Gloria: Pues sí… pues sí, pus, yo nada más le hablé a tu mamá por qué quieren hacerle daño, es todo, por qué…

Emma: Mi mamá ni siquiera estaba… mi mamá ni siquiera está enterada de, de nada.

Gloria: ¿Tu mamá no está enterada? Tú le dijistes a mi marido que ella sabía dónde andabas tú con tu hermana el fin de semana.

Emma: Claro, en casa de una amiga.

Gloria: Ay, Emma, además, si te desaparecistes con Katia, ¿por qué le tienen que hablar a mi marido para buscarla?

Emma: ¿Por qué cree?

Gloria: ¿Por qué no le hablaban a tu mamá para preguntarle por ella?

Emma: Porque mi mamá no tiene nada qué ver en este asunto, porque el único que trata con las niñas es Johny y antes yo trataba con ellas…

Gloria: Pero si tú andabas…

Emma: Cuando tenía dieciséis años.

Gloria: Tú andabas con ella ese día.

Emma: ¿Y qué tiene qué ver eso?

Gloria: ¿Por qué le hablan a mi marido para preguntarle por ella?

Emma: Porque la niña va con su marido cuan… cada vez que él viene de viaje. La niña va a su casa, usted trataba con la niña.

Gloria: Sí, sí, pero ese día, pero ese día no estaba con mi marido, ese día andaba contigo.

Emma: Ok.

Gloria: ¿Por qué la señora Celia tenía que hablarle a mi marido?, ¿por qué no le habló a tu mamá?

Emma: Porque la señora Celia piensa que si está conmigo, está con su marido al mismo tiempo… y…

Gloria: No, no.

Emma: sí está con… él, por supuesto.

Gloria: No, porque mi m… la señora Celia sabía que entre ustedes ya no había nada.

Emma: Pues…

Gloria: Es ilógico que la señora piense que tú llevastes a la niña allá, aunque la llevastes después, pero un poco tarde.

Emma: ¿A dónde la llevé después?

Gloria: A mi casa.

Emma: Ah, sí, sí, ¿pero qué tiene qué ver eso?

Gloria: Te digo, la llevastes un poquito tarde.

Emma: Mmm, sí, la niña andaba conmigo, estuvo conmigo, fuimos a comer y todo.

Gloria: Yo no me explico por qué la señora le tuvo que hablar a mi marido.

Emma: Porque es la relación que tiene su marido con esta señora, porque su marido le…

Gloria: ¡No, nooo! [Habla notoriamente angustiada.]

Emma: Porque Johny recoge a la niña, se la pasa con ella el fin de semana y después la devuelve. Después de que la coge y la manosea, la devuelve a la casa.

Gloria: ¡Nunca la cogió y ella lo sabe!

125

Emma: ¿Y cómo lo sabes tú?

Gloria: Porque a mí me lo dijo él y yo creo en él.

Emma: Tú crees, pus, ¡claro que crees en él!, tienes treinta años con él.

Gloria: No, estás súper equivocada.

Emma: No sé… veinte años, no sé… perdón, como veinte años tienes con él, no sé. Tú debes de conocerlo más que yo y debes saber de lo que es capaz.

Gloria: Precisamente porque lo conozco, precisamente porque lo conozco te lo estoy diciendo. Nada más por eso. [Ruidos en el fondo]… Me están llamando, adiós. [Cuelga de manera brusca.]

Emma: Bye.

Según la abogada Acacio, esta grabación telefónica muestra la probabilidad de que Gloria, la actual esposa de Jean Succar Kuri, a quien conoció en Acapulco —de donde ella es originaria—, fuera una de sus víctimas en el mencionado polo turístico.

Las especialistas aseguran que Gloria se expresa como una víctima de abuso en negación, que admite el maltrato psicoemocional de su pareja, incluida la infidelidad expresa y la comisión de delitos que, según las propias palabras de la mujer en esta grabación, "son normales", porque Johny le dijo que "desde los seis y siete años ya tienen sexo y te dan clases de sexualidad".

Tal vez sea Gloria una de las tantas víctimas de Succar que, por fin, con los años se convirtió en su cómplice con un evidente Síndrome de Estocolmo. (Este síndrome fue descubierto en 1973. En la ciudad de Estocolmo, Suecia, en un asalto bancario al Kreditbanken, los ladrones detuvieron a los empleados del banco durante varios días. Cuando los liberaron un fotógrafo capturó el momento en que una de las secuestradas besaba en la mejilla a uno de los captores. Fue así que bautizaron como "Síndrome de Estocolmo" a "ciertas conductas inconscientes que demuestra una víctima de secuestro, ya sea físico, sexual o psicológico, como el de las y los menores del caso Succar. A raíz de la vulnerabilidad y extrema indefensión que produce cierto tipo de cautiverios, la víctima se identifica en forma inconsciente con su agresor, ya sea asumiendo la responsabilidad de la agresión de que es objeto, ya sea imitando física o moralmente a la persona del agresor" [Montero, Andrés, 1999, *Shaping the etiology of Stokholm Syndrome: hypothesis of the induced mental model*, IberPsicología].)

Esto queda más claro cuando se lee la declaración de Emma ante el ministerio público. En ésta la jovencita manifiesta que cuando cumplió quince años, el Tío Johny le exigió que fuera a anunciarle a su madre que "ella y Johny estaban enamorados". Ella se rehusó al principio; fue un año más tarde cuando le dijo eso a su madre, quien, asegura Emma, reaccionó de manera violenta y desconcertada ya que el sujeto tenía casi sesenta años y ella apenas acababa de cumplir los dieciséis.

16. La complicidad de los medios

Aun después de la fuga de Succar y su posterior detención, la prensa escrita y la televisión locales no se enfocaban en el asunto penal, en la gravedad de los actos delictuosos, sino en los dimes y diretes entre Maribel Villegas, abogada del DIF municipal, y Leidy Campos, quienes deseaban a toda costa, y ya con evidente encono personal, inculpar a las madres de las víctimas. El enemigo más evidente, el pederasta, se desdibujó con rapidez en un extraño debate sobre si las niñas y adolescentes lo provocaron a cometer el delito, o incluso si ellas, las menores, se le ofrecieron a cambio de dinero y el pobre adulto había caído en sus redes.

En El Café se escuchaban los debates de voces predominantemente masculinas entre humo de cigarrillos. El tema era si una niña de doce años es o no capaz de gozar las relaciones sexuales, si no era para tanto que al "viejo Succar le gustara la carne joven". Escuchamos, incluso, a un veterano periodista decir, entre risas de sus colegas: "A los trece ya lloran... pero cuando se la sacas". Los demás corearon y otro añadió: "Son cancha reglamentaria". En manos de esos reporteros y editores estaba la investigación periodística.

Muy contados fueron quienes dedicaron tiempo a exponer los hechos sin prejuicios sexistas, con respeto a su labor periodística.

Entre ellos se encuentra el trabajo de las reporteras locales Adriana Varillas y Cristina Pequeño, junto a David Sosa, Hugo Martoccia, Óscar Cadena y David Romero. También la participación de dos reconocidos periodistas nacionales, Ricardo Rocha y Carlos Loret de Mola —cada uno de ellos, en su espacio televisivo y radial—, dio cuenta de la noticia desde un análisis más formal, profundo y serio. Al igual que Joaquín López-Dóriga, Rocha y Loret de Mola tuvieron en sus manos el video en el cual aparecen dialogando Jean Succar Kuri y Emma, la valiente joven que lo denunció, video grabado bajo la supervisión de la Subprocuraduría de Justicia del Estado de Quintana Roo. Loret de Mola y Rocha hicieron un seguimiento puntual del caso, desde la fuga hasta la detención del prófugo Succar en Estados Unidos. Ricardo Rocha dedicó dos de sus programas nocturnos, llamados *Reporte 13*, al caso.

Tiempo después, el ex abogado de Succar confesaría el gran impacto que estos reportajes de fondo causaron para que su cliente perdiera apoyos políticos.

A continuación aparece la transcripción textual —en forma y lenguaje— de este video, el cual es, sin lugar a dudas, de una frialdad desgarradora. La *J* es por Johny, el mote que Succar pedía a las niñas que usaran para él. La *E* corresponde a Emma, la joven que lo entrevista, una de sus más de cien víctimas.

Comienza el video aficionado…

J: …con una niña de quince años ya no lo hago; ¿sabes por qué ya no lo hago? Porque solamente lo hago cuando estoy aislado; por ejemplo, a Marina, cuando estaba en mi casa y se esfumó y le dije: "Háblame"…

E: ¿Quién es Marina?

J: La que conocí en tu escuela, antes de conocerte a ti.

E: Ahhh… Marina.

J: ¿Cómo se llamaba?

E: Leticia Marina.

J: Pero tiene otro nombre, a mí me dijo otro nombre. Le dije: "¿Dónde estás?" ya a los dos días; sí fuimos y nos vimos simplemente en la recámara, gritaba mucho.

E: Pero yo cuando fui, fui con Sandra. Bueno, al principio…

J: Sí, pero venían las dos. Sandra venía sola en ese tiempo. Cuando yo te conocí me acababa de acostar con Sandra y fue cuando ella sangró, le salió un chingo de sangre y ella me dijo: "Mi mamá me va a cagar".

E: ¿Por qué? ¿Era señorita?

J: Mira, eso yo no lo puedo decir.

E: ¿Cuántos años tenía?

J: Dieciséis o diecisiete años. Todas sangran conmigo, mi esposa sangró, varias gatas que me he cogido sangran; es más, no sangran por señoritas, sangran porque están muy angostas. Yo no sabía nada de ésta.

E: ¿La conociste desde los quince años?

J: No, ya te dije, una vez me acerqué a tu amiga porque ella me estaba buscando, por lo que me acerqué al papá de la niña y no hubo problema.

E: Pero cuando te la llevaste la tocaste.

J: Eso es otra cosa, mientras que no tengas relación, que no se consuma el acto, no pasa nada. Pero de ti hay un pasado que no me gusta… [Usa un tono burlón.]

E: ¿Por qué no te gusta mi pasado?

J: Olvídalo, no importa. [Juguetea con el popote en el vaso de jugo.]

E: Sí importa, porque esos tres años que estuve contigo, dime con quién me metí de niña, con nadie, yo te lo estoy diciendo, con nadie.

J: Tú lo que quieres es borrarlo.

E: Yo quiero borrar…

J: Yo, todos tus actos cuando estabas ahí con ellas, yo sacaba las botellas…

E: Yo no sabía, tú me pedías y prendías tu camarita para que yo me acostara con ellas…

J: Ya estuvo. Si te gustaba o te gusta es tu problema, yo no te estoy diciendo si lo haces o no lo haces, es que es tu vida privada.

E: Es que entiende una cosa, tú agarras a una niña de trece años que no tiene conocimiento de nada y le empiezas a enseñar que así es el mundo, que así se vive, que todo esto es normal, mayormente aprende que todo esto es normal.

J: Tú no te acuerdas de muchas cosas, pero yo me acuerdo cuando estábamos en la alberca te dije: "M'ija, ya me dijeron que tú eres lesbiana" y te dije: "Ya me lo dijo Lesly, ya me lo dijo hasta Nadia"…

E: No es cierto.

J: Pero no trates de justificar, pues hay cosas que no te acuerdas, pero lo más coherente de ti, lo más chingón, chingón, es que no te acuerdas de todo lo que te di.

E: Sí, sí me acuerdo…

J: Sí, pero cuando no te conviene no te acuerdas.

E: Me acuerdo de muchísimas cosas. ¿Qué es lo que no me puede convenir según tú? A ver…

J: Mira, es como te digo, yo no sabía que eras lesbiana, hasta que vi que estabas agarrando a Nadia.

E: Nada de eso…

J: Y ahora tú sales con que yo te enseñé, que yo te obligué.

E: Tú me enseñaste a hacer eso, tú me enseñaste que si necesitas medicinas, te la tenía que dar tu medicina [el sexo], ¿por qué?, porque te dolía…

J: Sí, te dije que yo era mujeriego y me gustaban las niñas, y si tú me quieres me tienes que traer niñas, pero yo no te dije: "chúpalas"…

E: Tú me decías…

J: ¡Chingada madre! Yo no te decía… mira, vamos a hacer un trato.

E: Va.

J: Mira, va a ser algo muy fácil, lo ponemos con testigos, unas gentes, te lo juro por mis hijos. Te traigo una muchacha y vamos a ver si la vas a chupar, y si no, te quedas conmigo un rato.

E: Pero, ¿para qué?

J: Para ver si eres o no lesbiana.

E: Pero, ¿para qué?

J: Porque si no eres lesbiana, no hay forma de que la chupes, no hay forma, no hay forma, por ningún dinero del mundo. Tú no puedes… hay cosas… escucha, tú puedes hacerlo por obligación, necesidad, pero la otra pareja ¿qué culpa tiene?, ¿qué necesidad, qué obligación?

E: Todas las niñas que estaban ahí… eran igual. [Según declaraciones las forzaba a tener cunilingus entre ellas mientras él videogrababa.]

J: ¿Quiénes?

E: Caty, Pocahontas, este… Citlalli.

J: No, esto tuyo no es cosa de principios, es cosa de sentido.

E: ¡Tú me decías que ésta era la única forma en que las niñitas no iban a hablar, porque estaban comprometidas, acuérdate de tus palabras!

J: Está bien [intenta tranquilizarla, se ve nervioso, mira a los lados], yo te quiero mucho y todavía descubrí que te sigo queriendo... Este, mejor cambiamos de tema. Hablamos mejor de otra cosa.

E: ¿De qué?

J: Estoy preocupado por esta otra niña que está en la casa, pues está diciendo que va a hablar.

E: ¿Por qué te preocupa?

J: Porque es una niña y el día de mañana su pinche madre se da cuenta que está cogida y lo primero que va a pensar es en mí.

E: Pero si se va a su casa...

J: Es lo que te digo, pero si la niña confiesa que no fui yo, yo ya estoy tranquilo.

E: ¿Pero ya se quiere ir a su casa?

J: Yo no voy a cargar con una culpa que no es mía.

E: Sí, yo sé, pero es que...

J: Lesly fue a mi casa desde los ocho hasta los doce años, Lesly se bañaba conmigo, estuvo conmigo mucho tiempo, dormía semanas enteras conmigo y jamás le hice nada.

E: Pero la besabas y la tocabas.

J: ¡Te estoy diciendo que eso está permitido! Porque ése es el riesgo de ir a casa de un pinche viejo que está solo, es parte del riesgo; los papás nada más decían: "Me cuida a mi hija, me cuida a mi hija". Eso está permitido. Por ejemplo, yo le digo a Lesly: "A mí tráeme una de cuatro años" y si ella me dice: "Ya está cogida" y yo veo si ya está cogida, veo si le meto la verga o no. Tú lo sabes que esto es mi vicio, es mi pendejada y sé que es un delito y está prohibido, pero esto es más fácil, pues una niña chiquita no tiene defensa, pues la convences rápido y te la coges. Esto lo he hecho toda mi vida, a veces ellas me ponen trampas, porque se quieren quedar conmigo, porque tengo fama de ser un buen padre...

El video fue grabado en el jardín de un restaurante del centro de la ciudad. El sonido es muy claro, las imágenes del rostro de Jean Succar Kuri se observan mientras él habla, bebe un jugo natural y juguetea con el popote; ocasionalmente sonríe cuando habla. Pocas veces se ve el rostro de la entrevistadora. Se escucha su voz nerviosa, que denota la ansiedad de la víctima que se expone ante su agresor con la finalidad de obtener pruebas, en este caso una confesión tácita.

El material videograbado fue entregado a la Subprocuraduría de la PGJE en la zona norte. El subprocurador Miguel Ángel Pech Cen sacó copias y lo presentó a los medios de comunicación, al dar a conocer la investigación en torno a la red de pornografía y prostitución infantil comandada por el empresario de origen libanés.

Luego de haber grabado el video, la joven testigo aseguró que Leidy Campos, la funcionaria de la PGJE, estaba escondida junto con dos agentes judiciales a unos metros de donde se entrevistara con el libanés; además, que escuchó a la perfección lo que hablaron y que se transcribe en estas páginas. A la jovencita le pareció extraño que no detuvieran al sujeto después de oír lo que decía y se sorprendió aún más cuando Campos Vera le pidió que hiciera otra cita para el día siguiente con él. Le prometió que llegaría con más agentes para —"ahora sí"— detener a Succar, quien en ese momento no iba armado y se encontraba solo. La joven, obediente de la autoridad, miró a su violador salir alegremente del restaurante sin ser arrestado. El jueves siguiente llegó al restaurante donde acordaron verse y poco después se presentó Jean Succar de nuevo. Pasaron más de diez minutos y ni los agentes ni la subdirectora de Averiguaciones Previas aparecieron. Según ella misma y los integrantes de la asociación civil Protégeme, la muchacha empezó a mostrarse nerviosa y el sujeto observó su ansiedad; de pronto sospechó que algo sucedía, se incorporó, miró a su alrededor, subió a su lujoso automóvil (un Mercedes Benz convertible) y arrancó rechinando llantas.

—Casualmente —comenta la joven Emma—, segundos después llegaron varios agentes judiciales y, pese a que ya tenían los datos del vehículo de Succar, ni siquiera lo reportaron por radio o implementaron un operativo para apresarlo.

Allí se quedaron, de pie junto a la mesa del restaurante, con la confesión grabada, la víctima, la subdirectora Campos Vera y los policías judiciales, acompañados por su comandante, Francisco Argüelles Mandujano, alias *el Rayo*, conocido protector de las narcotienditas de Cancún, mientras Succar Kuri recorría en libertad las calles de la ciudad. Francisco Argüelles fue detenido por la PGR un año después de estos sucesos, por su relación con una masacre de policías y narcotraficantes ocurrida en Cancún.

Al hacer un recuento de los hechos, ahora se tiene la certeza de que la misma policía judicial dio aviso al Johny sobre los días en que se harían inspecciones policiacas en sus villas, y para que al final escapara. El 27 de octubre dicho cuerpo policiaco reunió toda la información necesaria. El martes 28 estaba listo para actuar y aprehenderlo, pero no pudo. Leidy Campos y Miguel Ángel Pech no habían turnado la averiguación previa al Juzgado Penal ni a la PGR, según correspondía. A pesar de todas las pruebas, incluidos el video de la confesión y la grabación en la que la esposa de Succar admite tener en su poder videos grabados de las niñas sosteniendo sexo y con ello amenaza a Emma, no se contaba con una orden de aprehensión. Succar asegura en sus declaraciones que el 28 recibió una llamada de Leidy Campos en la que le solicitó que "le diera un millón de dólares y todo se callaba". Leidy niega estas acusaciones.

Un agente judicial indica al respecto:

—En otros casos nos dicen que realicemos la detención del acusado antes de que salga su boleto (orden de aprehensión); lo tenemos uno o dos días detenido en las cabañitas de Puerto Morelos y luego lo presentamos de forma oficial. Así evitamos que se escapen delincuentes que tenemos identificados. No sé qué pasó esta vez. Es evidente que está protegido.

Mientras los medios locales se debatían en una guerra de declaraciones que ponía en entredicho la "honorabilidad" y credibilidad de las víctimas, ya casi nadie hablaba del pederasta y su culpabilidad. Comenzaron a llamarlo "monstruo", "psicópata" y "enfermo mental", con lo que, de acuerdo con la psicóloga Claudia Fronjosá Aguilar, especialista en atención a víctimas de violencia, "el imaginario social condona al victimario y se centra en las víctimas como coadyuvantes". La psicóloga asegura que los pederastas como Succar Kuri "no son monstruos ni enfermos; son hombres con una patología social que, en pleno uso de sus facultades y de su poder, deciden planear, protegerse y ejecutar sistemáticamente un delito, cuidando todos los flancos para no ser detenidos".

—El problema —explica la especialista— es que la sociedad, a través de los medios, va tejiendo una historia distorsionada, en la cual se pierde el centro del verdadero problema. Aquí tenemos a un criminal y a un grupo de víctimas, rodeadas de cómplices, directos e indirectos, que permitieron los sucesos delictivos. En nuestra sociedad se atenúa con facilidad la culpabilidad de un violador o pederasta transfiriendo una corresponsabilidad imaginaria y por completo falsa a sus víctimas.

17. Autoridades en guerra: federales contra estatales

La frustración de dos de los agentes especializados de la AFI se deja ver en su mirada. Bajo solicitud expresa (por obvias razones) de mantener en sigilo sus nombres, los agentes explican:

—Ya teníamos dos líneas de investigación, desde mediados de septiembre. Por un lado investigábamos la red de pornografía infantil, que es un delito federal y, por otro, indagamos para determinar si hay asociación delictuosa por los nexos de Succar Kuri con autoridades del estado y su correlación con reconocidos personajes de la clase empresarial en Cancún. Desde el 29 de septiembre sabíamos que contábamos con suficientes elementos para proceder en contra del pederasta; esperábamos afinar detalles para obtener la denuncia formal de una de las víctimas que más información posee pero, por desgracia, debido a la torpeza —porque no podemos asegurar todavía otras razones— de Leidy Campos y del subprocurador Miguel Ángel Pech Cen, se filtró información. Succar supo que lo investigábamos y "limpió" la zona de pruebas que sabíamos, por indicios claros, que existían en su hotel de Solymar. Llegamos y había paredes húmedas y olor a pintura fresca. Habían roto muros, los empastaron y pintaron en una noche.

El informe de la PGR muestra que se mantenía vigilado a Succar Kuri las veinticuatro horas del día. Se reportan visitas de éste a algunas escuelas y al poblado de Leona Vicario, donde vivía hasta hace poco una de las familias más afectadas por el pederasta.

Además, ya la AFI había localizado dos casas y un departamento en el centro de Cancún, en los cuales se presume se editaban y vendían los videos pornográficos. Esta versión coincide con una investigación publicada en *La Voz del Caribe,* en la que el reportero Alberto Núñez, basándose en informes de la AFI, cámara y grabadora escondidas, se dirige a la casa de la calle Naranja, en la supermanzana 2A, un barrio de clase alta de Cancún. El periodista asegura que otras dos casas operan en la supermanzana 15 y en la región 94.

El reportero narra los hechos:

—Llegué y le dije al cuidador: "Buenos días, me mandó don Pedro a recoger un video". Él respondió: "El encargado no se encuentra pero llega como en una hora". Insistí: "Pero a mí me dijeron que recogiera el video, que me lo iban a dar sin preguntas ni nada". "Así se hace —contestó el cuidador—, pero cuando el encargado sale me deja indicado quién va a recoger las películas y me las deja a mí y hoy no me dejaron nada. Hace dos días que no vienen por aquí y no le puedo dar otra película porque son sobre pedido." Más tarde obtuvimos una etiqueta de las que pegan en las películas que comercializan. En el caso de las otras dos viviendas es muy parecido; también se reconoce la venta de videos pornográficos con niñas y niños.

Mientras la procuradora de Justicia Celia Pérez Gordillo insistía en negar a los medios y a las agrupaciones civiles de defensa de los derechos humanos que la PGR estaba involucrada en esta investigación por la incapacidad de la PGJE para detener a Succar Kuri y que se le investigaba por nexos con el crimen organizado, llegó a nuestras manos un documento oficial que dice lo siguiente:

> Con fecha 04 de noviembre el acta circunstanciada número 612/203-IV es elevada a averiguación previa número 447/2003-IV la cual se instruye en contra de Jean Touma Succar Kuri alias Johny por el delito de pornografía infantil y lo que resulte, procediéndose inmediatamente a solicitar a la subprocuraduría de la Zona Norte del Estado de Quintana Roo, copias certificadas de la averiguación previa CAN/010/7151-10.2003 la cual se instruyó en esta subprocuraduría por el delito de violación y corrupción de menores. Solicitándose a las líneas aéreas locales un informe sobre sus listas de pasajeros de los días 29 y 30 de octubre, con la finalidad de determinar a través de cuál aerolínea Jean Succar abandonó la ciudad el día en que fue librada la orden de aprehensión por parte del licenciado Víctor Manuel Echeverría Tun, Juez Tercero Penal de Primera Instancia en esta ciudad, por delito de violación equiparada y corrupción de menores.

Las investigaciones de la PGR y la AFI confieren mayor certidumbre a las declaraciones de Emma, quien en un principio confió ciegamente en las autoridades que le prometieron que, si obedecía sus órdenes, se haría justicia de manera expedita.

Lo cierto es que la actuación de Leidy Campos y Miguel Ángel Pech, como representantes de la Procuraduría de Justicia, constituye, según la abogada Verónica Acacio, un caso emblemático de la violación reiterada, sistemática e impune a los derechos humanos de las víctimas de delitos sexuales por parte de las autoridades de administración de justicia en México.

Lo que en un inicio parecía ineficacia de la Policía Judicial y la Procuraduría se fue develando como un mapa de corrupción y encubrimiento que revictimizaba, sin tregua, a la joven mujer que denunció al pederasta, así como al resto de los menores.

El agente de la AFI lo analiza:

—Revisando simplemente la primera declaración de la ciudadana Emma, cualquier ministerio público —con conocimiento— intuye delitos federales como la pornografía infantil y la explotación sexual. Conociendo las virtudes que la abogada del estado les concede al subprocurador Pech Cen y a la licenciada Campos Vera, me parece de una torpeza sospechosa que esperasen tanto para solicitar, primero, el apoyo de la PGR y, segundo, la detención precautoria del sujeto. Sumado a ello vemos que la licenciada Campos urgió a Emma a traer a tres menores, dos niñas y un niño. Con esas declaraciones, en noventa y cinco por ciento de los casos, en todo el país —aunque no nos guste admitirlo— se detiene al sujeto, para evitar que se dé a la fuga. Además, el subprocurador Pech declaró a los medios que, por tratarse de un delito grave, el amparo no le serviría de nada a Jean Succar y luego mencionó que, dados los indicios del delito de pornografía infantil, enviarían el expediente del caso a la PGR y a la Interpol México.

Entonces, ¿por qué no lo detuvieron? En este país no siempre esperamos a que haya orden de aprehensión, menos en los casos en que el acusado de delitos que se persiguen de oficio tiene recursos para huir... no, la verdad, no.

"Sin embargo, no conformes con esa ineficacia, además ¡estuvieron presentes en la grabación! ¡El sujeto confiesa y lo dejan ir! —añade el agente, azorado—. Después, según declaraciones de la misma Emma, le piden que cite a Succar Kuri al día siguiente de la grabación ¡y otra vez lo dejan ir! Sinceramente y por mi experiencia, estos hechos nos inducen a sospechar que los propios Campos y Pech, si no por su cuenta, al menos en complicidad con el comandante de la Policía Judicial, intentaban medir al sujeto para sacarle dinero. Más tarde, la licenciada Campos le pide a Emma que llame, por tercera vez, al sujeto confeso, que lo cite en sus propias villas de Solymar y con ella acuden la subdirectora Campos Vera, Francisco Argüelles Mandujano, alias *el Rayo*, comandante de la policía, y otros dos automóviles con refuerzos. Según las investigaciones, eso ocurrió el mismo día en que, unas horas más tarde, el presunto se dio a la fuga en aerolínea comercial, a unas horas de que saliera la orden de aprehensión. Las sospechas de corrupción, aunque den vergüenza, no son gratuitas."

El agente especial de la AFI continúa su análisis y manifiesta que, según su experiencia, será muy difícil lograr la extradición del pederasta ahora detenido en Estados Unidos. Las autoridades estadounidenses confían muy poco en la justicia mexicana y Succar cuenta con amigos poderosos en todas partes.

—Los nombres involucrados tienen mucho peso. El crimen organizado en México está bien impregnado en el poder político; la verdad es que no podría ser de otra manera. Yo creo que si lo protegen, nuestro trabajo habrá sido en vano. Una de dos: o lo matan en la cárcel de Albuquerque —donde nos aseguran que ya fue ultrajado sexualmente por los mismos presos— o por allí se pierden documentos para que no proceda la extradición y luego en un añito, cuando se enfríe la cosa, los gringos digan: "No podemos procesar a éste aquí", y, como decimos, "Se pierda el nombre y el hombre" entre el archivo muerto. Todo depende de cuánto les interese a los políticos salvarlo o juzgarlo.

18. Las voces acalladas

En México, a las mujeres que denuncian les queda claro que el minis-
terio público no les cree, que no es su defensor y que está a favor del
agresor. Estas actitudes producen un ciclo de revictimización de la
denunciante, la cual siente mucho temor porque percibe que no se
valora la injusticia que se cometió en su contra. El Estado promueve
la denuncia del delito y luego maltrata a la víctima.

ALICIA LEAL PUERTA

Mary tiene doce años de edad y desde los ocho fue víctima de abuso sexual por parte de Jean Succar, el Tío Johny.
El periodista David Sosa la entrevistó a finales del mes de
noviembre y descubrió que, en efecto —tal como aseguró
María Rubio de Hendricks—, durante el trienio de la alcaldesa priísta Magaly Achach de Ayuso se había denunciado

ya al pederasta y las denuncias se "perdieron" camino a la Procuraduría de Justicia.

—¡Ya! Ni que fuera para tanto. No hicimos nada que tú no quisieras. ¡Ya!, deja de lloriquear y toma un juguete de los que hay en el otro cuarto. Toma el que tú quieras. ¡Mejor toma dos y ven para que sigamos jugando! —así le decía Jean Succar Kuri a una niña de ocho años de edad que, encogida en posición fetal, lloraba después de comprobar que el pederasta no la había invitado a su departamento sólo a nadar en la alberca y a jugar con muchos juguetes.

Ahora, de doce años de edad, de figura menuda, cabello negro alborotado y tez morena, Mary narra los dos años que pasó "al servicio" de Succar Kuri y de "sus compadres", según menciona.

Dice que conoció a Succar en la fiesta de la Virgen del Carmen que organiza cada año el Frente Único de Colonos (FUC). Ahí fue "presentada" al empresario.

Después del violento abuso, asistiría a fiestas "donde había gente toda muy arreglada y que reían mucho".

—Kuri —narra— les decía: "Ella es mi muñeca, es una buena niña a la que le gusta jugar; eso sí, hay que darle sus regalos porque si no, llora mucho".

—¿Recuerdas cómo se llamaban los señores que estaban ahí? —se le pregunta y empieza a soltar una historia que ya se conocía, que fue denunciada durante el trienio pasado en la Contraloría Municipal e involucró al ex director del DIF, Luis López Pallares, y que acabó archivada.

—No, no recuerdo muy bien, creo que uno se llamaba *Chel*; había uno al que le decían *el Chango* o *el Mono*. No me acuerdo muy bien, creo que otro era Fernando y uno, con el que jugué ese día, me dijo que se llamaba Pallares; me acuerdo porque me regaló dinero.

—¿Fuiste a muchas fiestas con Kuri?

—No. Otras veces no iba él, sólo sus compadres y mi mamá, a quien también le regalaban cosas y dinero por cuidarnos y atender a los compadres de Kuri mientras jugábamos nosotros.

—¿Eras la única niña? ¿No había otras niñas o niños?

—¡Sí, claro! ¡Éramos varios! Había veces en que Kuri nos juntaba para que todos jugáramos con él y con sus compadres.

—¿Las niñas y los niños jugaban con Kuri y sus compadres al mismo tiempo?

—Sí.

—¿Y no había señoras?

—Sí. Varias veces estuvo la esposa de Kuri; tomaba fotos y decía que estaba haciendo una película.

—¿Tú viste la película o las fotos?

—No, nunca me las mostraron.

—¿Había más mujeres grandes?

—Sí. Había fiestas a las que sólo iban mujeres y nosotros.

—¿Recuerdas algunos nombres?

—No. No sé.

—¿No te acuerdas o no quieres decirlos?

—Mi mamá me ha dicho que nunca diga quiénes estuvieron en esas fiestas, porque podemos tener muchos problemas.

—Pero ya me dijiste los nombres de los compadres de Kuri, ¿por qué no me dices los nombres de sus comadres?

Muy pensativa, Mary retuerce los dedos de sus manos, estira y encoge rápidamente las piernas y, con disimulo, ve de reojo a su mamá, en espera de aprobación, la cual no llega.

—¿Yo?

—Creo que te decidiste a hablar porque quieres arreglar lo que pasó; es necesario que, para tu tranquilidad, digas todo lo que tienes guardado y que tanto daño te está causando. Creo que lo mejor es que hables abiertamente.

—Iban una señora de nombre Marycarmen, otra Flor, Magaly, Norma y… No me acuerdo quién más. No. No me acuerdo quién más.

—¿A esas señoras las conocías antes? ¿Sabes sus apellidos? ¿A qué se dedican?

—¡No! No sé nada de eso. Ya no quiero seguir hablando. No quiero decir nada más.

Mientras Toña —su madre— le dedica una severa mirada de censura y frunce el ceño, Mary se levanta de su asiento y se retira de la habitación en donde durante más de tres horas hemos intentado convencerla de relatarnos su historia. Ésta no ha sido expuesta ante los tribunales o autoridad alguna, debido a la negativa irracional de su madre o, tal vez, a su acertada decisión ante la magnitud de los nombres y personalidades que cada día llenan el tintero y exponen una triste realidad. Quienes deben combatir los abusos y la prostitución infantil son quienes más la fomentan.

Sigue bajo investigación la supuesta participación de *el Chel* Ayuso, esposo de la lideresa política y ex alcaldesa Magaly Achach. Varias niñas mencionan mucho el nombre de *el Primer Caballero*, como le llamaban socarronamente en la prensa, ya que la alcaldesa lo nombró presidente honorario del DIF municipal, emulando los nombramientos de las primeras damas de los gobernantes en turno. De igual manera está bajo investigación Luis López Pallares, director del DIF municipal durante la administración de Achach.

Como ya mencionamos, cuando explotó la bomba y salieron a relucir más nombres de políticos e influyentes en el caso Succar, la ex presidenta del DIF estatal, María Rubio

147

Eulogio, esposa del gobernador Joaquín Hendricks, denunció que más de dos años antes, ella notificó a la entonces alcaldesa de Cancún, Magaly Achach, varios casos de abuso y explotación sexual de menores que quedaron al descubierto con las denuncias penales de las menores víctimas del empresario Jean Succar Kuri.

Rubio Eulogio indicó que cuando estuvo al frente del DIF estatal reunió la información necesaria acerca del caso y determinó hacer del conocimiento de la entonces presidenta municipal todo lo relacionado con los abusos a los menores por parte de la red de pederastas encabezada por Succar Kuri, y conformada por empresarios cuyos nombres tiene ella, al igual que los de funcionarios y ex funcionarios estatales y federales.

De inmediato fue desmentida por la ex alcaldesa Achach; sin embargo, la primera dama arremetió ese mismo día en los medios, asegurando que Magaly no sólo tenía conocimiento de la operación de la banda de pederastas, sino que incluso sabía de las denuncias por presuntos abusos sexuales a menores presentadas contra su esposo José Ayuso Borges, y contra el entonces director del DIF municipal, Luis López Pallares.

A pesar de quienes la contradicen, los señalamientos de María Rubio coinciden con las denuncias formuladas por las menores afectadas en el sentido de que Magaly Achach, López Pallares y José Ayuso Borges estaban enterados de la red de pornografía infantil. Las acusaciones señalan que los tres estaban relacionados con el pederasta Jean Succar Kuri y lo protegieron porque "son igual de degenerados que él", según palabras de Rubio.

En una entrevista que concediera la primera dama más polémica que ha dado Quintana Roo, afirmó acerca de sus conversaciones con la entonces alcaldesa:

—Cuando Magaly y yo nos juntamos le dije… que convenía que ella fuera la que demandara [penalmente] porque era su municipio. Les di toda la información… pero me tiraron de a loca.

No obstante, ante la pregunta expresa de por qué no denunció los hechos ella misma al sospechar que la alcaldesa encubría al pederasta, María Rubio se negó a aclarar sus motivaciones para no entregar, entonces, esa información a la Procuraduría de Justicia. Pero aseguró haber informado a su esposo el gobernador.

Magaly Achach niega que hubiera tenido conocimiento alguno de la existencia de una red de prostitución; defendió a López Pallares y a su esposo Ayuso Borges, mencionados en las declaraciones de algunas de las menores víctimas de explotación y violación sexual. La ex alcaldesa, ex militante del partido Convergencia y ahora de vuelta al PRI, afirmó que se trata de un asunto más político que judicial. Empero, no quiso abundar en esa aseveración.

Sin embargo, y a pesar de las indagatorias que indican lo contrario, Achach manifestó que ella metía las manos al fuego por su amigo Alejandro Góngora Vera, implicado en el caso por algunas menores, y por la subdirectora de Averiguaciones Previas de la PGJE, Leidy Campos Vera.

Rescatando las piezas perdidas:

Según los testimonios de la mayoría de las menores, las primeras veces que las niñas iban a casa de Jean Succar, las madres comenzaron a preguntar por qué llegaban con un chofer. Al principio era el Tío Johny, aparentemente tío de alguna de sus compañeras de clase, quien se presentaba y luego se hacía acompañar por su esposa Gloria.

Un buen día Jean Succar apareció en casa de Lorena. Le acompañaba una mujer morena, de baja estatura y cabello teñido, vestida con elegancia, perfumada y notoriamente de clase acomodada. Era su esposa, Gloria Pita Rodríguez, a la que en público llamaba sólo *Ochi*. Conversaron con Lorena, la madre de Emma. Succar le explicó que ésta era una niña formidable, que ellos siempre quisieron tener una hija y que adoraban a la niña.

Pensaban que si Dios les había dado la fortuna de tener dinero debían hacer el bien.

Por ello querían ser "padrinos" de su hija. Aunque ella viviera en casa de la madre, la pareja estaba dispuesta a pagarle una escuela privada, al igual que los libros y todo lo necesario para que saliera adelante.

La madre confiesa que se sintió sorprendida y apabullada a la vez; por otro lado, su discapacidad producto de la falta de un brazo la enfrentó a la dura realidad: conseguir trabajo para una mujer mexicana sin educación formal es un drama; de hecho, ella vendía gelatinas en la calle.

Así que, asegura, reflexionó: "¿Por qué no darle a mi hija la oportunidad de salir adelante como yo no pude nunca?"

—Sí hay gente buena en el mundo —le dijo Lorena a su esposo y él coincidió.

Más tarde Succar le prometió a Emma que si se portaba bien con él, le daría trabajo a su madre. La chica estaba feliz al pensar que por fin la familia podría gozar de un poco de paz. Unos días después, manifiestan la madre y la hija en su versión de los hechos, Succar contrató a la primera como empleada en una de sus tiendas de artesanías con salario mínimo, pero con la promesa de afiliarla al Seguro Social y facilitarle su acceso a los servicios médicos del estado. Con estos hechos amarró su estrategia: las madres de tres de las menores, además de estar agradecidas por el apoyo escolar brindado a sus hijas, ahora eran sus empleadas. Las jerarquías de poder lo dejaban prácticamente protegido de cualquier cuestionamiento.

Con el paso de los años, Succar Kuri envió a su arquitecto para ampliar la casa familiar de Emma. Ahora, en su defensa, el pederasta asegura que ésa era una forma de pago por "sus gustos por la niña Emma".

Una de las primeras declaraciones contra Succar es la de Katia, tal vez una de las niñas más afectadas en el aspecto psicoemocional por los hechos. En su declaración, la pequeña asegura que a la edad de ocho años su prima Emma la llevó a casa del Tío Johny. Iban a nadar y luego se quedaban a dormir. Fue en esas ocasiones cuando Jean Succar la violó y la forzó muchas veces (no especifica cuántas) a practicarle sexo oral a él y a otras niñas que mantenía en su casa.

Katia afirma que se quedaba a dormir en casa del Tío Johny hasta dos noches seguidas, cosa que su madre, de nombre Celia, sabía y autorizaba; asimismo, que Johny les daba dinero a ambas después de que ella dormía allí.

La niña declaró que nunca le explicó a su madre lo que le hacía el Tío Johny. Sin embargo, de todas las madres de las víctimas, la de Katia ha sido la más juzgada tanto por la prensa como por las autoridades. ¿La razón? Muy sencilla: Celia es cantante de un bar nocturno. Según sus propias palabras, jamás se ha prostituido, menos aún permitiría que nadie tocara a su hija.

—Pero así es la gente, usted verá. Si una es cantante, luego luego la tachan de puta. Le aseguro que hay monjas y mujeres del DIF que son más putas, pero en este país hasta la justicia se fija en lo que pareces, son puros prejuicios.

A pesar del paso del tiempo, la tez cetrina de Katia luce apagada. A los once años sufre de anorexia nerviosa y sus calificaciones escolares, a partir de las denuncias y el escándalo, han bajado de forma visible. La opinión de su psicoterapeuta es que muestra los rasgos de una paciente con depresión profunda y, si no se trabaja con ella, tal vez jamás recupere el deseo de vivir y, poco a poco, se suicide como todas las víctimas de la anorexia nervosa que no se trata de manera adecuada.

Habla Rossana:

—Yo conocí a Johny en el centro comercial Plaza las Américas. Iba con mi amiga Cintya. Ella ya lo conocía y nos invitó a las Villas Solymar. La segunda vez que fuimos, Johny nos dijo: "Bésense porque me excita ver a niñas besándose", y tomó la mano de Cintya y la puso en mi pecho. Sentí una mezcla de miedo y curiosidad, no sabía qué hacer. Pero nos besamos y así pasó varias veces. Nos pedía que nos desvistiéramos, diciéndonos que nos daría dinero, que no tuviéramos miedo, que eso era súper normal. Un día me enseñó una computadora *laptop* negra que guardaba en su cuarto. Me enseñó fotografías de su esposa Gloria totalmente desnuda, al igual que de varias niñas desnudas. Yo sé que a todas nos tomaba fotos; las otras chavas dicen que luego las vendía y ofrecía a sus amigos para que nos vieran. No lo sé.

Habla Sofía:

—Yo era la sirvienta del señor Succar. Siempre me percataba de que se hacía acompañar de niñas menores de quince años, pero aparentaba ser una persona muy paternalista; se veía un señor muy educado, con mucho dinero y mucha clase, igual que su esposa. El ama de llaves anterior, llamada Irene Ortiz, era la que se encargaba de conseguirle al personal para la limpieza de las villas. Yo le pregunté al señor Ángel Ávila, quien trabajaba en la administración del condominio, que por qué sólo pedía niñas para trabajar y él me contestó que ésa era la exigencia del señor Succar, que fueran niñas menores de edad y que el trabajo era eventual porque él siempre se encontraba de viaje y las niñas sólo debían venir cuando él estuviera en Cancún.

19. Descubriendo complicidades

Succar se dio a la fuga desde fines de octubre de 2003. Sin embargo, para mediados de 2004, más de seis meses después de desatado el escándalo y con el sujeto detenido en Chandler, Arizona, las indagatorias sobre su huida no estarían completas sin esas piezas clave que dieron forma a la desaparición de pruebas, la cual ocurrió —según expertos— horas antes de que el juez autorizara la orden de cateo. La mayoría de las niñas asegura conocer a Sandra Luz Arriaga Salvador, quien desde hace diez años ha estado en contacto con Jean Succar Kuri, según consta en su propia declaración ministerial.

No obstante, Sandra Luz, quien administra las cincuenta villas propiedad de este último, sostiene que jamás vio a ninguna niña o niño con su jefe. Afirma que Succar es todo un caballero y que le parecen ridículas las afirmaciones sobre su gusto por las menores de edad.

Al igual que Sandra, la asistente de ventas y operaciones de Solymar, la señora Eunice Beatriz Ek Méndez, cuyo jefe directo es el administrador de Succar Kuri, el señor Ricardo Navarrete, defendió al primero en su declaración. Pero días después se hizo evidente su complicidad con el pederasta o, al menos, su deseo de protegerlo.

—Yo conocí al señor Succar hace dos años; es una persona muy conversadora, muy amable. Nunca me faltó al respeto y nunca vi ninguna actitud sospechosa. Jamás pude observarlo con niñas o menores de edad. Los únicos niños que yo vi con él son sus hijos. No creo nada de lo que dicen del señor Succar, es un buen hombre y no creo que tenga nada que ocultar.

Poco tiempo duró la credibilidad de Eunice, ya que al día siguiente el agente ministerial recibió a otro vecino de Solymar, el señor Edwin Henry, propietario de una villa vecina a Succar. Henry explicó que, momentos antes de que llegaran los agentes de la AFI para llevar a cabo el cateo en las villas números uno, cinco y nueve, él observó cómo la señora Eunice Beatriz sustrajo varios objetos en cajas y bolsas negras, haciendo viajes reiterados a toda prisa, acompañada del señor Thomas Vickers, por esas fechas hospedado en una de las villas de Succar. Ese mismo día el señor Jack Barqui Zinno, también vecino de éste, entregó varias pruebas de los abusos de poder y excesos violentos de Jean Succar Kuri, quien en reiteradas ocasiones violó los reglamentos del condominio e hizo lo que quiso; entre otras cosas, compró a ciertas personas para que no se metieran con él.

Consta en una de las actas una discusión entre los condóminos por la portación de armas de fuego por parte de Succar Kuri e incluso el hecho de que baleó a un sujeto a raíz de una discusión condominal.

Edwin Henry manifestó:

—Me pareció muy sospechoso. Si Vickers no tenía nada que esconder, ni tampoco Eunice, ¿por qué corrieron así?

¿Por qué sacaron esas cajas y bolsas negras de basura [de las grandes] llenas de cosas? ¿Por qué no esperar a que llegara la policía y explicar que él era sólo un huésped y no sabía nada?

Al día siguiente otro vecino de Succar Kuri confirmó las declaraciones de Henry. Esta vez se trató de Enrique Jiménez Arias, quien dijo que el día 7 de noviembre, a las diez treinta de la mañana, él y su vecino Roberto Sicrage observaron a la señora Eunice (a quien describe como una mujer de tez morena, complexión delgada, baja de estatura y de cabello negro y largo) sacar objetos de la villa número uno, propiedad de Succar Kuri. Eunice entró y salió tres veces del sitio mencionado; la primera ocasión con una caja de cartón repleta de cosas y las dos subsiguientes con carpetas llenas de documentos. Junto a ella y apresurándola iba el señor Vickers con actitud nerviosa. Por tanto, los vecinos decidieron llamar al 060, número de emergencias policiacas.

Hasta la fecha, Jiménez Arias asevera que no logra comprender cómo, si ya se contaba con tanta información sobre el pederasta Succar, sus villas no fueron aseguradas para que nadie se llevara absolutamente nada de allí.

—Quién sabe cuántas pruebas lograron sacar sus amistades o empleados —le comentó a un amigo.

Ese mismo día, en la Ciudad de México, la AFI solicitó al licenciado Ricardo Gutiérrez Vargas, director general de la oficina de Interpol México, que se sirviera informar si en su base de datos existen antecedentes criminales de un hombre que se hace llamar Martin Gary Mazy Kolb, originario de Pensilvania, Estados Unidos, y quien, por su estrecha cercanía con Succar Kuri, podría tener conocimiento o incluso participación directa en los actos delictivos realizados por el inculpado.

De nuevo, la procuradora Celia Pérez Gordillo negó ante los medios que existiera participación alguna de la Interpol o aun de la AFI en el caso. Reiteró que la procuraduría estatal realizaba todas las indagatorias y que a ella le correspondía la investigación.

Sin embargo, al mismo tiempo, en la capital del país se giraba un oficio de la PGR. En él se solicitaba al doctor Alejandro Gertz Manero, secretario de Seguridad Pública Federal (SPF), que, en auxilio de la primera dependencia, girara las instrucciones para que se trasladara a la ciudad de Cancún el personal especializado perteneciente a la policía cibernética, cuyos miembros debían realizar una minuciosa y exhaustiva investigación sobre los correos electrónicos de Jean Touma Hanna Succar Kuri y algunas de sus víctimas.

El contenido de una de las computadoras se logró rescatar gracias a la joven Emma, quien recordó que años atrás Johny le obsequió una que era de su propiedad. Se la regaló usada, aunque la "mandó limpiar" para que no tuviera nada de él. El propósito era que la utilizara para sus tareas escolares, pero jamás imaginó que en ella, después de un trabajo intensivo, la ciberpolicía mexicana rescataría suficientes pruebas de fotografías pornográficas de las víctimas de Succar Kuri.

Los abogados del sujeto seguían convencidos de lo que su cliente les argumentaba: que Emma, junto con Leidy Campos, intentaron extorsionarlo y que su único delito había sido enamorarse de una niña de trece años llamada Emma. Les juraba que jamás le había hecho daño a ninguna niña y que lo que se publicaba en los medios sobre pornografía eran infundios.

Mientras tanto, en el Refugio del Centro Integral de Atención a las Mujeres, uno de los niños varones víctimas de Succar por fin se atrevió a hablar. Éste es su testimonio.

De ojos hermosos con largas pestañas, Javier parece un chico árabe. Su rostro delgado y anguloso, de piel morena clara, está enmarcado por una cabellera rizada de color castaño oscuro. Según su madre, no era tan flaquito como se le ve ahora, pero desde hace tiempo, cuando comenzó a estirarse, parece un jugador de basquetbol.

Al igual que él, Alicia, su madre, lleva el cabello corto y rizado. Las marcas de la pobreza se denotan en su rostro ajado; aunque apenas tiene cuarenta años de edad, sus ojos recaen en unas bolsas carnosas y arrugadas, como las de las mujeres que han padecido la tristeza de siglos y la pobreza extrema. Alicia llora con facilidad; desde que descubrió que su hijo e hija habían sido objeto de abusos, presentó síntomas de parálisis facial provocada por el estrés, como la que la llevó al hospital hace cinco años y por la cual fue despedida de su trabajo como afanadora del aeropuerto de Cancún.

Javier no habla de "eso" frente a su madre. Lo niega, insiste en la anécdota que ha contado ante los hombres imponentes de la PGR. Su versión falsa cuenta que un día estaba con Jean Succar en su casa y éste le insistió en que debía tocar a su hermana. Pero él resistió estoico y lanzó su cuerpo delgaducho de cuarenta y un kilogramos de peso contra el del Tío Johny, un hombre robusto de cincuenta y ocho años de edad. En la imaginación de Javier, Johny se amedrentó ante la furia del niño y a partir de entonces ya no se atrevió a pedirle que hiciera nada de "esas cochinadas". Eso le dice a su madre y baja la mirada, con la sensación genuina de que la ha protegido de una historia de terror de la cual, aun ahora, se siente culpable por no haber sido capaz de defenderse.

Él conoció a Jean Succar cuando apenas había cumplido los diez años. Su prima Emma lo llevó junto con su hermana pequeña a nadar a las Villas Solymar. Las primeras veces el señor se portó con gran amabilidad. Hasta que llegó aquella primera tarde en que la vida de Javier dio un vuelco radical.

Con el Tío Johny se encontraban Javier, de diez años, y Cintia, su hermanita de ocho. Las niñas grandes jugaban en uno de los cuartos de arriba. A ellos los llevó Succar a la sala de televisión, donde los invitó a ver una película. Cambiaba de canal mientras le pidió a Cintia que se recargara en él. Comenzó a hacerle cariños en el cabello, por lo que Javier lo miró un tanto sorprendido. Desde que su padre los dejó cuando él apenas tenía cerca de cinco años, se convirtió en "el hombre de la casa"; cuidaba de su madre, su hermana y su pequeño hermano Walter, de cuatro años. Iba a la escuela y salía a trabajar en una reparadora de bicicletas del poblado Bonfil, a las afueras de Cancún. Estaba seguro de que, de seguir así, algún día podría ser dueño de su propia tienda de bicicletas y con todo el dinero que ganaría habría de comprarle una casa bonita a su madre y a sus hermanos, una con piso de verdad (y no de tierra apisonada), con techo de verdad (y no de palapa) y con un baño con inodoro blanco (en lugar de una letrina apestosa en el patio selvático de su palapa de una sola habitación).

Esa tarde, mientras el Tío Johny hacía cariños en la cabellera ondulada de Cintia, Javier sintió un calambre en el estómago. Se sentó pegadito a su hermana y miró con recelo al señor que recién viera un par de veces. Él lo miró a los ojos y, a manera de reto, le dijo: "Qué bonita es tu hermana, ¿verdad?", al tiempo que cambiaba de canal y en la pantalla aparecían dos adultos teniendo sexo. Javier nunca había visto nada parecido. Era una mujer rubia de senos inmensos y un hombre desnudo con un pene muy grande.

—La mujer gritaba y hacía unos gestos de horror —menciona Javier.

El niño sabía por sus amigos de la escuela lo que era el sexo; muchos hablaban de coger. Había visto perros en la calle prendidos de las perras y muchas veces imaginó lo que sería ver a un hombre con una mujer. Pero nunca pensó que esta escena le generara emociones tan encontradas, entre la excitación y el pánico, entre la fascinación y la culpa de observar algo prohibido.

Después de la primera denuncia ante Leidy Campos en el ministerio público, Javier tardó casi un mes en atreverse a hablar sobre el asunto. Se requirió que estuviera refugiado, protegido de Succar y dispuesto a hacer todo lo que estuviera en sus manos para que el Tío Johny "pagara por su maldad". Durante las primeras conversaciones contuvo el llanto, en tanto que en la tercera lloró y se dejó arropar por la terapeuta, bajo la promesa de que contar lo sucedido le permitirá, algún día, vivir sin miedo y sin culpa.

Yo no le voy a decir a mi mamá, porque ella se puede morir de la tristeza de saber que hicimos esas cosas. Pero le juro que las tuvimos que hacer. Estábamos en el sillón sentados, viendo la tele. El Johny puso esa película cerda y yo me enojé, le dije que no quería que mi hermanita viera esas cochinadas, pero él se rió y me dijo: "¿A poco no le has comido el queso a tu hermanita?". Yo no sabía qué era eso del queso y él se burlaba de mí y yo estaba muy enojado, pero no quise hacer nada para que no la lastimara. Ya la estaba abrazando y yo nomás veía la carita de Cintia así, debajo de su brazo, como si fuera un venadito asustado atrapado en las manos de alguien. Como los venados de cola blanca que se cazan a veces por allá en el monte de arriba de Bonfil.

Mi hermanita tenía sus ojos grandotes, como que iba a llorar, veía la tele, con esas cosas, y nos miraba a nosotros y yo quería defenderla, mas sin en cambio no podía… no podía [el menor intenta contener el llanto sin lograrlo].

Él se comenzó a tocar en su parte, encima del pantalón. Yo veía que se agarraba y me veía riéndose y luego se veía allá abajo como para que me diera cuenta de que tenía un bulto grande. Pensé que quería hacerle algo a mi hermanita y me paré y me aguanté de llorar y le dije: "¡Ya nos vamos!", pero él me jaló del brazo y me dijo que de su casa nadie salía. Que no me asustara, que nos íbamos a divertir y nadie iba a salir lastimado. [Javier narra esta escena de pie en actitud bélica, como si el sujeto estuviera frente a él; sus ojos están húmedos y denotan ira contenida.]

Luego recuerdo que yo me sentía como enfermo, sentía como si me hubiera dado calentura y estaba temblando, mis piernas se hacían así… bien débiles, como cuando andas en la bici mucho tiempo. Johny empezó a tocar a Cintia y ella lloraba mucho casi calladita, me miraba con sus ojos rete asustados y yo la veía y quería salvarla. Johny me dijo que no me preocupara, que todas las niñas son unas putitas y que seguro mi hermanita ya estaba cogida. Reía como si estuviera muy divertido y yo estaba muy, muy enojadísimo.

161

Subió el volumen de la tele y se oían los gritos de la muchacha de la película. Nomás me acuerdo que Johny me ordenó que me quitara mis pantalones y mis calzones. Y tuve que obedecerlo porque me dijo que si no obedecía, él le haría cosas feas a mi hermanita. Me quedé en mis calzones y luego él comenzó a tocarme aquí (señala sus genitales), yo le dije que era hombre y no me dejé. Luego le quitó su ropa a mi hermanita y me dijo que viera, que si se me paraba eso quería decir que ya era hombre y que para eso son las hermanitas, para que uno se haga más hombre. Y la hizo que se pusiera en el sillón como la de la tele y me dijo que yo me pusiera sobre ella. Yo decía que no, hasta se me salieron unas lágrimas, y mi hermanita lloraba. Le juro que fue el día más horrible de mi vida y que yo no quería hacer nada... se lo juro.

Mi hermanita también lloraba mucho, yo me quité y él me agarró de los pelos y me dijo: "Mira", y se sacó su pito que estaba bien grande y me dijo que o me la cogía yo o él se lo iba a hacer a ella. Y le preguntó a mi hermanita: "¿Tú qué prefieres?", y ella dijo que a mí y yo la vi para que me perdonara. Me hizo que yo le chupara allá abajo a Cintia y después me fui al baño a vomitar. Yo sé que mi hermanita me perdonó, porque sabía que lo hice para salvarla.

Luego nos hizo hacerlo muchas veces, de todo, yo le decía que no se me paraba y me iba al baño y me hacía pipí. Después supe que otras veces que llevaron a mi hermanita a su casa él se lo hizo a ella, y por eso ella ya no quiere comer ni dormir ni nada, porque tiene miedo y siempre anda escondiéndose y no le gusta que nadie la toque.

Él nos tomaba fotos y películas y nos contaba que tenía amigos a quienes les gustaba vernos. A mí me decía cosas muy cabronas, y más me encabronaba yo cuando decía que mi hermanita y mis primas son todas unas putitas, que todas están cogidas. Luego siempre nos decía que él era bueno, que nos iba a pagar la escuela y todo lo que quisiéramos, que le iba a dar dinero a mi mamá para que nos diera de comer mejor. A mi hermanita le decía que era una flaquita greñuda y desnutrida. Johny siempre alegaba que él era muy bueno, que sólo tenía esa enfermedad de que le gustaban las niñas y verlas hacer cosas, pero que eso no era malo porque todos los papás lo hacen y es mejor que te las haga uno que te quiere y que te va a dar cosas por obedecerlo.

Como sucedió con las demás víctimas, a Javier, al igual que a su hermanita Cintia, Jean Succar le insistía en que si decía algo, cualquier cosa, sobre lo que sucedía en su casa, él lo denunciaría por mentiroso. Aunque le creyeran —señalaba—, como él se había cogido a la niña, cuando la revisaran verían que ella ya "estaba cogida" y él, siendo un reconocido hombre de negocios, lo negaría todo. Así se llevarían al DIF a los tres, los alejarían de su madre y jamás podrían verla. Al chico lo amenazaba con que él era amigo del gobernador y que podría decir que un día entró a su casa y lo descubrió cogiéndose a su hermanita, por lo que lo acusarían de violador.

Como resultado, las niñas y niños guardaron silencio, hasta que, casi dos años después del primer abuso a estos hermanos, el pederasta fuera denunciado.

La pregunta reiterada de Succar a todas sus víctimas era:

—¿Tú crees que tu mamá no tiene la culpa de esto que yo les hago? Si los deja venir es por algo. Y si ustedes le cuentan, ella va a ir a la cárcel por no cuidarlos, por pendeja, por dejarlos en manos de un viejo como yo.

Estas declaraciones de las víctimas coinciden con las confesiones del propio Succar, las cuales se escuchan con toda claridad en el video que fue grabado en un restaurante y que está en manos de la Procuraduría de Justicia y de la PGR.

Hasta hoy, Javier se rehúsa a admitir que, además de ser forzado a sostener relaciones sexuales con su hermana, él mismo fue víctima de abuso por parte de Succar Kuri. Sin embargo, el testimonio de otras niñas mayores advierte que el niño fue forzado en varias ocasiones a practicarle sexo oral al Tío Johny y a otros hombres que visitaban su casa. Jessica, ahora de veintitrés años de edad y quien fue víctima de abuso por parte de Succar hace ocho, manifiesta que incluso hay fotografías tomadas por éste en las que Javier aparece por completo desnudo haciéndole sexo oral a un hombre mayor, uno de los mejores amigos de Johny.

Durante una de nuestras conversaciones, Javier dejó entrever que alguna vez Johny intentó forzarlo a que le practicara sexo oral, pero que él se negó y como lo vio tan enojado, el "Tío" desistió de su intento. Pero en otras charlas breves y aisladas, el chico admitió que un día Johny lo humilló al hacerlo ver en su computadora "portátil negra marca Sony" una foto de él mismo haciéndole cosas asquerosas al Johny y que por eso un día, cuando sea grande, él lo va a buscar "hasta el fin del mundo, para matarlo".

El comportamiento de Javier, a partir de las terapias especializadas, tanto con un psicólogo enfocado a atender a víctimas de abuso sexual como con un terapeuta dedicado al desarrollo infantil, muestra una inmadurez psicoemocional típica de niños que han sido sometidos a un abuso sexual sistemático. Son menores que sufren el Síndrome de Indefensión Adquirida, mismo que genera, entre otros efectos, una profunda desconfianza, pues las víctimas aprenden que, hagan lo que hagan, nadie podrá defenderlas y, por tanto, su vida siempre corre peligro. No es obra de la casualidad que los pederastas y explotadores de menores elijan a niños y niñas entre los cinco y los trece años, pues están en una edad de formación en la que un adulto puede asumir el control total de su mente.

A dos años del abuso, mientras se llevan a cabo las investigaciones para conformar una averiguación previa que permita a la PGR demostrar, sin lugar a dudas, la culpabilidad de Jean Succar Kuri, Javier muestra con claridad su desconfianza en las autoridades policiacas, su ira y enojo. Sufre ataques constantes de rabia contra otros niños y niñas; se recluye a ratos y se niega a participar en los juegos elaborados por los terapeutas dentro del refugio para externar las emociones contenidas. A ratos actúa como un niño mucho menor que sus actuales doce años y busca el cariño y atención de algunas de las trabajadoras sociales del refugio.

Según los especialistas que lo han tratado, los sentimientos que mejor definen a Javier son la desconfianza y la culpa, dos de las emociones humanas más difíciles de comprender y superar por cualquier persona que cuente con las mínimas habilidades y herramientas de inteligencia emocional para trabajar sentimientos, enfrentarlos y superarlos.

20. De un caso local a un caso global

Estoy segura de que Johny estaba muy tranquilo, incluso al principio de todo, cuando lo atraparon en Chandler. Él dice que sus primos hermanos viven en Guanajuato y son socios de la familia de Fox, que ahora es presidente de México. Lo que no imaginó es que esa familia, de apellido Succar Kuri, no le contesta ni el teléfono. Sus redes de apoyo se van disolviendo.

R. L. (TESTIGO PROTEGIDA)

Mientras la AFI solicita una investigación formal de los sujetos mencionados por varias de las víctimas de Succar, se desvanece la posibilidad de que Alejandro Góngora y sus amigos salgan ilesos de este caso. En una foja del expediente aparece el siguiente texto: "Solicitud de peritaje de avalúos de los bienes del inculpado, citatorios para empleados del inculpado. Informe de oficio AFI/4528/2003 de la AFI de los domicilios de Miguel Ángel Yunes Linares". Los resultados se filtraron a la prensa nacional y fueron publicados casi en su totalidad por la revista *Proceso* y recogidos por varios medios en todo el país, entre ellos *La Jornada*. La agencia de noticias APRO fue quien dio seguimiento puntual al tema:

> Testimonios de DEA y AFI señalan que Yunes tiene nexos con el narco. La Agencia Antidrogas de Estados Unidos (DEA) y la Agencia Federal de Investigaciones (AFI) tienen testimonios contundentes de nexos del diputado federal, Miguel Ángel Yunes Linares, con narcotraficantes, sin que hasta el momento la Procuraduría General de la República ejerza la acción penal.
>
> Los testigos protegidos sacaron a la luz actividades al margen de la ley del ahora legislador independiente del PRI, de cuando fue secretario de gobierno en Veracruz bajo el mando de Patricio Chirinos Calero, tiempo en el que, según los testimonios en poder de la PGR, los "varones de la droga" les entregaron a ambos quince millones de dólares "como pago de protección". (*sic*)

La APRO asevera que ambas agencias cuentan con testimonios grabados en los cuales se identifica plenamente a Yunes Linares como protector del poderoso traficante Albino Quintero Meraz, alias *el Beto* o *el Orejón*, quien fuera capturado el 2 de mayo de 2002 por el ejército mexicano. El comandante Juan Carlos Ventura Muossong, primogénito del jefe policiaco Florentino Ventura, anduvo tras él. Pero, ya como director de Investigación Policial "B" de la PGR, unos días después de hallar su pista y a punto de apresarlo, Juan Carlos fue asesinado.

En la averiguación previa 1226/MPFEADS/98, un testigo denominado "Gildardo Muñoz Hernández" señaló que Albino Quintero Meraz era propietario de un Lear Jet, por el cual pagó setecientos cincuenta mil dólares y que era tripulado por el capitán Arnaiz. De acuerdo con el testigo, tanto Patricio Chirinos (ex gobernador de Veracruz) como Miguel Ángel Yunes (quien en tiempos del presidente Carlos Salinas de Gortari fuera secretario general de gobierno de Chirinos) le pedían prestado el avión. Además, declaró que Albino les entregó quince millones de dólares a Chirinos y a Yunes para que le aseguraran protección del Estado.

Según los expedientes del ejército mexicano, exhibidos tras la captura de Quintero, el detenido era parte de la organización de Amado Carrillo Fuentes, junto con Ismael Zambada García, alias *el Mayo Zambada*, y Alcides Ramón Magaña *el Metro*. La investigación arroja datos de que, a raíz de la muerte de Carrillo, Quintero Meraz, cabecilla del cártel, sentó sus reales en los estados de Veracruz y Tamaulipas.

Por las investigaciones ahora ligadas a las del caso Succar se observa que los nexos de Yunes con el crimen organizado y el narcotráfico fueron del conocimiento de la PGR desde principios de 2002. En aquel momento el director de investigaciones de la PGR, Juan Carlos Ventura Muossong, elaboró un oficio confidencial al respecto dirigido a Eduardo Berdón Toledo, fiscal especial de la Subprocuraduría de Investigación Especializada en Delincuencia Organizada (SIEDO) de la PGR, pero la indagatoria no arrojó resultados.

Los medios nacionales publicaron la misma nota:

En los documentos con sello de confidencial, Ventura Muossong precisó a su superior que "es urgente una reunión con el procurador general de la República, en relación con los licenciados Patricio Chirinos Calero y Miguel Ángel Yunes, ya que ambos personajes fomentaron las actividades del narcotráfico y en concreto recibieron alrededor de quince millones de dólares".

Ventura Muossong había confiado a sus compañeros que temía por su vida y el día 30 de julio de 2002, con apenas cuarenta y dos años de edad, recién nombrado subdirector de Operaciones de la AFI, fue balaceado en la colonia El Manto, en la delegación Iztapalapa de la Ciudad de México. El agente de la AFI constituyó un factor importante en la localización y captura de Mario Villanueva Madrid, ex gobernador de Quintana Roo, también involucrado en operaciones de narcotráfico, hoy preso en los Estado Unidos.

Al igual que sucediera en el caso Succar, Miguel Ángel Yunes se contactó entonces con el agente Ventura Muossong, "invitándole a que arreglaran las cosas de mejor manera y no siguieran con las investigaciones sobre Quintero Meraz", según las investigaciones de APRO.

Los agentes involucrados en el caso de Jean Succar Kuri, ahora ya bajo investigación por pornografía infantil, lavado de dinero y crimen organizado, encontraron que Joaquín Legarreta, agente responsable de la DEA adscrito a la embajada de Estados Unidos, se había expresado molesto por la impunidad de Yunes y Chirinos ante la gran cantidad de pruebas que había acumulado en su contra la PGR desde 2001.

Los testigos protegidos aseguran que en cada viaje del avión de Albino Quintero a Veracruz se descargaba un promedio de ochocientos kilogramos de cocaína procedente de Colombia. Asimismo, que Miguel Ángel Yunes sabía de estas descargas y para ello incluso le subió la cuota de protección a veinticinco millones de dólares. Con parte de ese

169

dinero, añaden, se compró un yate de lujo, de nombre Fedayin que alguna vez encalló en las playas de Cancún, y el cual anclaba en el muelle frente a las Villas Solymar.

Es el mismo yate que mencionan Emma y otras niñas, donde viajaban Succar, Yunes y sus amigos de altas esferas políticas. Miguel Ángel Yunes Linares desestima todas estas declaraciones y asegura que los documentos de la AFI son apócrifos. En febrero de 2005, como respuesta a un reportaje de investigación sobre el caso Succar publicado por *La Revista* del diario *El Universal* y firmado por Felipe González, Yunes Linares, ya como subsecretario de SPF, sostiene: "Todas las declaraciones respecto a mi participación en el caso Succar son falsas. Los documentos citados en este medio y en *La Jornada* son falsos. Yo ya confirmé con la PGR y se me asegura que no hay ninguna investigación abierta contra mi persona". En su defensa Yunes Linares asegura que sus enemigos políticos lo quieren destruir filtrando informaciones falsas a los medios. Sin embargo, desde la prisión de Chandler, Arizona, Succar Kuri le insiste a su abogado Joaquín Espinosa que sus amigos Yunes Linares, Kamel Nacif y Gamboa Patrón no lo dejarán preso.

21. Viejas amistades

Yo conozco a Jean Succar por negocios, no somos amigos. Lo he visto pocas veces porque yo iba a Cancún a construir un hotel que ahora se llama Marriott. Tampoco somos socios y yo nunca conocí a esa niña Emma que me menciona en sus declaraciones.

KAMEL NACIF, *EL REY DE LA MEZCLILLA*,
EN SU DECLARACIÓN ANTE LA PGR

La amistad entre Jean Succar y Kamel Nacif tiene más de cuarenta años. Ambos libaneses —como ya narramos— se conocieron cuando Succar iba a ser extraditado por estar como ilegal en México. Los círculos cercanos a Nacif saben bien que Succar, desde su llegada a Cancún, se convirtió en el prestanombres de Nacif. Succar no tiene forma de comprobar una fortuna para comprar cincuenta villas en Solymar; una simple auditoría fiscal demostraría su enriquecimiento inexplicable e ilícito.

L. M., EX EMPLEADA DE SUCCAR KURI

Ya en sus primeras declaraciones, al igual que lo hicieran Miguel Ángel Yunes Linares y Kamel Nacif, Alejandro Góngora Vera aseguró que no conocía a las niñas que lo acusaban de saber que Jean Succar abusaba de menores, que las explotaba sexualmente y las hacía actuar para grabar videos pornográficos. Sin embargo, la información que las menores tienen sobre ellos contradice de manera clara sus versiones. Una visita al pasado, a las ventas de los predios de Fonatur, arroja luz sobre estos hombres a quienes las niñas conocían de nombre y cuerpo, sin saber a qué se dedicaban en el aspecto profesional.

La PGR se centró en la investigación de tres terrenos en particular, que ligan a Góngora Vera con los demás personajes mentados por las víctimas. Cuando Emilio Gamboa Patrón fue director de Fonatur negoció con Lorenzo Zambrano, dueño de Cemex, una renta multimillonaria del predio que aún ocupa el parque acuático Wet'n Wild de Cancún. Éste sigue en renta pues a Cemex le conviene fiscalmente perder el dinero que paga por la misma. Aunque en 2001, el libanés Kamel Nacif ofreció comprar el predio de Wet'n Wild, no tuvo éxito.

El segundo predio que se investiga está en la segunda sección de la zona hotelera, lugar donde se ubica el restaurante La Destilería, perteneciente a dos socios, Mario Gamboa Patrón y Alejandro Góngora Vera. El primero es hermano del senador Emilio Gamboa Patrón.

El tercer predio relacionado es el que ocupara el hotel Dunas, construcción que se convirtió en un fraude hotelero cometido por el hasta hoy prófugo de la justicia, el español José Aldavero. Hoy se indica que fue vendido a Lorenzo Zambrano por Gamboa Patrón (bajo una licitación plagada de extrañezas). Pero el primero que tuvo el poder sobre ese predio era el dominicano Víctor Cabral Amieva, vendedor estrella de Fonatur, y quien se hiciera famoso en México cuando se divulgó que le consiguió a Carlos Cabal Peniche un pasaporte falso de la República Dominicana, con el que el banquero pudo huir a Australia. Víctor Cabral era asiduo a las fiestas de Jean Succar Kuri cuando éste apenas había comprado un par de departamentos en Solymar.

A Alejandro Góngora le tocó sufrir el rescate de un elefante blanco que era la construcción abandonada del Condhotel Dunas. El 25 de octubre de 1996 (luego de un escandaloso proceso legal en el que cientos de extranjeros lucharon para que se les devolviera su dinero, robado por el fraudulento Aldavero) se protocolizó un fideicomiso, gracias al cual los compradores lograron recuperar parte de su inversión.

En dicho fideicomiso Fonatur afectó el inmueble y las construcciones del Condhotel Dunas para promover su venta mediante licitación pública internacional, misma que se publicó en los periódicos *El Financiero*, *Reforma*, *The Washington Post* y *The New York Times*.

En febrero de 1997 trascendió que el resultado de dicha licitación fue la adjudicación del terreno y el edificio al señor Kamel Nacif, empresario del sector textilero que pretendió incursionar en la hotelería, junto con su socio minoritario, Jean Touma Succar Kuri.

El monto propuesto por Fonatur como precio base del inmueble fue de diez millones doscientos mil dólares, pero al último la oferta de Nacif de doce millones cien mil dólares definió la adjudicación. Como condición, el nuevo propietario tendría que demoler las enormes construcciones que, tanto por su abandono de más de diez años como por las irregularidades en su edificación, eran inservibles.

Lo cierto es que la ubicación del terreno no podía ser mejor: a un costado del actual Hotel Marriott Casa Magna, en la segunda fase de la zona hotelera. En 2005, el propietario era Lorenzo Zambrano y también lo operaba la cadena Marriott.

En aquellos tiempos, Alejandro Góngora Vera, representante de Fonatur en Cancún, indicó en conferencia de prensa que, como resultado del fraude del Condhotel Dunas, la dependencia sufrió pérdidas por dieciocho millones de dólares, ya que tuvo que ceder el terreno, además de cubrir los gastos que implicaron el juicio, los avalúos y demás procedimientos que debió realizar el fondo para la resolución del problema. (Nunca se rindieron cuentas públicas de esos dieciocho millones de dólares. Esa rendición le correspondía al titular federal, Emilio Gamboa Patrón.)

Un dato para el asombro: la directora de ventas de Fonatur en los tiempos de Gamboa Patrón era Guadalupe Rachí de Nacif, cuñada de Kamel.

Los agentes de la AFI se preguntan aún: "¿De dónde podrían esas niñas haber sacado el nombre y la descripción de Kamel Nacif, si no lo conocieron?". Pero es la palabra de unas niñas humildes contra la del multimillonario libanés, nacido en la misma ciudad que Jean Touma Succar Kuri.

Kamel Nacif es mexicano de origen libanés; su nombre completo es José Kamel Nacif Borge y es el poderoso y acaudalado *Rey de la Mezclilla*.

Es propietario de un imperio textil en México, Estados Unidos y Hong Kong. Su complejo industrial es conocido como el Tarrant Apparel Group (TAG). El TAG tiene, tan sólo en Tehuacán, Puebla, siete maquiladoras; en Puebla, una planta que produce dieciocho millones de metros de mezclilla al año y otra enorme planta (de cuatrocientos veinte mil metros cuadrados) de procesamiento textil, así como oficinas en China, Tailandia, Corea, Nueva York y Los Ángeles.

Sandra y Mary mencionan a Kamel como la única persona que le "gritoneaba" al Johny. Cuando éste llegaba de sus viajes con las maletas llenas de dinero, Nacif venía a visitarlo y se encerraban a hablar de sus asuntos. En esas ocasiones Johny mandaba a Emma o a Mary a ver televisión o a la alberca.

—Kamel Nacif siempre trae consigo varios teléfonos celulares, todo el tiempo fuma puros grandes, es tímido y gruñón y muy grosero. Él y Johny hablaban en árabe —comentan dos de las niñas.

Y "juntos Kamel y Johny iban a Las Vegas"; esto se lo platicaba Johny a Emma al nombrarla su "preferida". Y, de acuerdo con la joven, cuando la llevó a Los Ángeles, a los quince años de edad, le prometió que tan pronto creciera un poco más la llevaría al Caesar's Palace con sus amigos.

En Las Vegas, más que un turista, Nacif es un personaje. A los jugadores que arriesgan millonadas les apodan "ballenas" y él es una de las ballenas más famosas en la historia de esa ciudad. Ahí se le conoce desde hace más de treinta años, cuando era aún un adolescente y se dice que llegaba con una identificación falsificada para poder apostar antes de cumplir los veintiún años requeridos por la ley de ese país.

También se le conoce como uno de los apostadores que construyeron el hotel Caesar's Palace con el dinero que perdiera en sus apuestas. Al llegar a ese destino de Nevada, Nacif deja, como de costumbre, entre cuatro y cinco millones de dólares en depósito. Su juego favorito es el bacará y puede llegar a apostar el límite máximo permitido por el casino en cada jugada; es decir, unos ciento sesenta mil dólares.

La Junta de Supervisión del Juego del estado de Nevada reporta que el libanés-mexicano Kamel Nacif participaba en actividades ilícitas como el tráfico de drogas y armas, y el lavado de dinero. Tanto la DEA como el FBI y la PGR cuentan con informes e investigaciones al respecto.

Hace unos años Nacif fue señalado como uno de los grandes deudores de los bancos mexicanos, entonces intervenidos, tras la crisis económica de 1995 que develó los fraudes que cometió la banca nacional al prestar a clientes de dudosa reputación.

Con los cinco millones de dólares que se alega debe Nacif a los bancos de México, este sujeto "podría", según el FBI, "ser uno de los grandes beneficiados por la operación del Fobaproa y del IPAB". De acuerdo con los informes de los bancos, sigue sin pagar su millonaria deuda.

Este peculiar personaje, que ante las autoridades declaró apenas conocer a Jean Succar, viajó a Cancún en su jet privado para visitarlo en el momento en que Emma rindió sus primeras declaraciones ministeriales. Sus llegadas constan en los registros del aeropuerto privado Fixed Base Operations (FBO) de Cancún y testigos presenciales de mucha confianza de Succar aseguran que se reunieron para planear cómo enfrentar la denuncia de las niñas.

Una ex gerente de relaciones públicas del Caesar's Palace mencionó que en Las Vegas se conoce a estos amigos, Nacif y Succar (como a muchos de los apostadores de todo el mundo) por sus fiestas celebradas en las suites del hotel, con prostitutas y alcohol. La pornografía juega un papel esencial en la vida de la mayoría de los "amantes de Las Vegas" y, según los especialistas, es justo allí donde puede encontrarse el secreto de las redes internacionales de Jean Succar Kuri. Este último no era sólo —como lo testifican todas sus víctimas de Cancún— usuario de pornografía, sino productor de videos y de páginas de pornografía infantil y adolescente, que armaba junto con su esposa Gloria Pita. A su vez, éstas generaban el lucrativo negocio de la oferta de turismo sexual con niñas, niños y adolescentes, vía internet. Negocio que con el poder político y la corrupción se inserta en la economía formal. Desde una habitación en Villas Solymar... hasta Wall Street.

22. Protegidos por Wall Street

El punto fundamental de toda esta industria de la pornografía es uno solo: el sexo vende y es buen negocio.

Denis McAlpin

El tejido que une al abuso sexual de menores con la explotación comercial del sexo, la prostitución de personas adultas, el lavado de dinero y, por último, el narcotráfico, es más visible de lo que quisiéramos creer las y los ciudadanos comunes. Este gran negocio, centrado en el deseo de millones de seres humanos de poseer —a cambio de dinero— a personas compradas, forzadas y/o extorsionadas, se sustenta en la corrupción del Estado que priva en el mundo entero. Y mientras en casi todos los países se promulgan leyes cada vez más severas para castigar a quienes abusan de menores y a quienes trafican con mujeres para dedicarlas a la prostitución y el negocio del *table dance*, poco a poco el de la pornografía (que unifica a los otros delitos) se filtra en silencio en las grandes corporaciones mundiales; entre ellas, las cadenas de televisión como AT&T Broadcasting e incluso las empresas de servicios de internet más reconocidas.

Esto significa, nada más y nada menos, que el sistema androcéntrico de nuestra cultura ha buscado resquicios en las leyes para preservar su derecho de explotar sexualmente a seres humanos con la finalidad de que millones de hombres puedan "dar salida a su ímpetu sexual". Resulta curioso que en lugar de cuestionar el lenguaje de violencia que subyace en la pornografía, millones de mujeres, para ser aceptadas como personas deseantes y sexualmente activas, se vean en la necesidad de decir que les gusta la pornografía sin cuestionar los diferentes lenguajes y códigos que utiliza esa industria para cosificarlas aún más. La cadena de televisión Public Broadcast Television (PBS) de Estados Unidos presentó una entrevista con Denis Mcalpin, un connotado periodista e investigador que se ha especializado en detectar la corrupción dentro de las grandes corporaciones de la industria del entretenimiento en ese país. En la actualidad Mcalpin es analista para Auerbach, Pollack & Richardson, empresa de inversiones bancarias y de bolsa de valores.

En la entrevista que concediera, Mcalpin arroja luz sobre el fino tejido del que hablamos.

Antes que nada, el analista cuestiona las cifras oficiales relacionadas con las ganancias que aporta la pornografía a los empresarios y explotadores. De acuerdo con dichas cifras, el negocio de la pornografía comercial que se televisa a través de los canales de cable y satélite, así como el de las revistas como *Playboy*, *Hustler*, *Caballero*, etcétera, arroja un total de diez mil millones de dólares al año, tan sólo en Estados Unidos.

Asegura que es algo que no puede saberse con precisión, pues el negocio se pierde en la contabilidad privada de empresas de cable y televisión por satélite. Sin embargo, tan sólo la combinación de revista y canal de televisión de Playboy y New Frontier reporta ganancias por mil millones de dólares anuales.

En palabras del experto, casi todas estas empresas prefieren mantenerse silenciosas, lejos de la fiscalización del IRS y de los grupos de la sociedad civil que pueden cuestionarle al Estado el hecho de que permita que se enriquezcan con algo tan sucio como la pornografía (para el ciudadano promedio la pornografía con moderación está bien, pero oficialmente debe mantenerse como algo "marginal"). La única empresa que ha hecho patentes sus millones es Playboy, una de las responsables de normalizar la cosificación (es decir, la visualización como objetos y no como personas) de las mujeres jóvenes y fomentar esa cultura denominada en el año 2014 como *teen-pornutopia* entre las adolescentes y niñas. Este fenómeno muestra cómo las niñas y adolescentes, y no solamente los varones, están desarrollando su discurso erótico a través de la pornografía; de allí que cada vez se encuentren más casos de chicos y chicas de secundaria que se sienten forzados a experimentar con la bisexualidad para ser aceptados como "sexualmente normales". La norma la comenzaron a poner en el año 2000 los productores de pornografía que incursionaron en la porno infantil y juvenil a partir de la explosión y popularización de internet y la ruptura de límites de la censura sobre los filmes sexualmente explícitos.

La guerra de los números se publica de forma constante. *The New York Times* habla de diez mil millones de dólares en tanto que *Adult Video News* sostiene que se trata de catorce mil millones de dólares.

La industria de la pornografía se cuadruplicó entre 2001 y 2006, ya que las empresas comenzaron a fusionar el negocio de la televisión por cable con el pago por evento (*Pay Per View*), y los sitios especializados de internet. El truco —por llamarle de alguna manera— para subir páginas de contenido ilegal en sitios por completo legalizados, es jugar con el doble lenguaje tanto fotográfico como en textos. Basta abrir una veintena de sitios de internet con la frase "sexo y niñas" para dar con más de dos mil trescientas entradas iniciales para su exploración. En ellas aparecen jóvenes de veintiún años (supuestamente, porque es la edad adulta legalizada en Estados Unidos) vestidas como colegialas, como niñas muy pequeñas; incluso algunas, sin maquillaje, aparentan tener catorce o quince años de edad. Los textos son por demás explicativos e invitan al cibernauta a "tirarse a una niñita ingenua y virgen", a "ver lo que hacen las pequeñas al jugar a la casita con sus amigas". O bien, en el caso de sitios con hombres, se muestra a jovencitos con rasgos pueriles y sexo depilado de tal forma que parezcan menores, con las mismas ofertas de "hacerlo con un cuerpo de Adonis virgen", etcétera.

Especialistas como Dianne Russel sostienen que la inducción al abuso sexual de menores es innegable y, sin embargo, ni el FBI ni la PGR pueden actuar al respecto, dado que la legislación protege el entretenimiento sexual para los varones.

23. La tecnología también trabaja para la pornografía

La creación de las líneas de internet DSL o de alta velocidad ha permitido que en años recientes los videos digitales pornográficos se vean con claridad en la computadora
y los usuarios los bajen sin la molestia de esperar dos o tres
horas como tenían que hacerlo hace cinco años. Jean Succar enviaba los videos digitales por computadora en redes
Peer-to-Peer (P2P). Una de las jóvenes que durante años
estuvo cerca de él, pero que se negó a declarar ante la PGR
porque ahora está casada y decidió olvidar su pasado, asegura que el libanés contaba con un sistema de internet por
satélite en su máquina portátil.

—El Johny tenía un amigo de Hong Kong que le vendía sus *gadgets*. Él sabía perfecto que lo que nos incitaba
a hacer era ilegal. Ahora quieren pintarlo como un señor
mañoso y medio burdo... nada de eso. Él viajaba todo el

tiempo y sabía cosas que nunca va a admitir. Por ejemplo, tenía un teléfono celular satelital para que no se pudiera saber desde dónde llamaba.

De acuerdo con el periodista Mcalpin, las mayores ganancias de la industria pornográfica recaen en los videos comerciales. Casi diez mil millones de dólares se embolsan quienes los filman y de esa cantidad es probable que dos mil millones correspondan a la industria casera; es decir, videos pornográficos caseros que circulan por las redes ilegales sin pagar impuestos ni recibir *rating* o clasificación oficial. El costo de la producción de una película pornográfica es de entre cinco y diez millones de dólares, lo cual significa que el *staff* de filmación y producción, así como "las actrices y los actores", se quedan con la menor parte; el resto se distribuye entre los productores, los dueños de las empresas y los proxenetas que consiguen, compran y entrenan mujeres jóvenes. Una empresa capitalista perfecta.

Hustler comenzó como una revista pornográfica impresa en papel. La industria cinematográfica, ayudada por Milos Forman y Oliver Stone, convirtió a su editor en un personaje famoso, incluso mostrándolo como un adalid de la libertad de expresión, cuando a finales de la década de los noventa filmó su vida denominándola *The people vs Larry Flynt* (*Larry Flynt: el nombre del escándalo*). Su hija, Tonya Flynt, fue una de las feministas que organizaron una campaña contra la película y lo llamó el rey de la misoginia (el odio contra las mujeres como seres humanos).

Larry Flynt es el ejemplo perfecto del proxeneta corrupto insertado en el crimen organizado que se profesionaliza y se integra a las filas de la empresa legal, del "American dream" de la explotación sexual y la promoción del sexo forzado y violento. Adquirió fama por verbalizar todo lo que pensaba sin ambages. Entre las frases célebres de su anecdotario se encuentran "A woman's no is a man's yes" (El no de una mujer es sí para un hombre) y "She is not being raped, she is playing hard to get" (Ella no está siendo violada, juega a hacerse la difícil).

Oliver Stone argumentó que su película recibió críticas infundadas de las feministas, que él mostró la vida de un personaje famoso. Es cierto que era sólo un retrato; sin embargo, tanto él como Milos Forman omitieron mostrar la violencia que Flynt ejercía contra las mujeres y su abierta promoción de la violación y el comercio de jóvenes para "que sus hombres hagan dinero". Aunque grupos feministas conformados por mujeres y hombres lograron boicotear la película en Suecia y Estados Unidos, la venta de la revista *Hustler* subió treinta por ciento a partir de la exhibición del filme.

Las películas producidas por Hustler, la multimillonaria industria de Larry Flynt, se pasan al aire en los ocho canales de Playboy y en New Frontier (el canal del Niño Juguetón).

Las clasificaciones del cine pornográfico que se conocen popularmente en casi todo el mundo no son, en realidad, reconocidas por las autoridades. Según Mcalpin, la "XXX" la inventaron en los años cincuenta los dueños de los pequeños cines estadounidenses que querían distinguir entre el cine erótico y el "sucio". La única clasificación oficial es Cable X y se refiere, de acuerdo con el mismo analista, a la cantidad de sexo explícito que se puede mostrar en pantalla. Existe una clasificación alternativa denominada NC-17 y, si bien nadie puede explicar qué significan las siglas, con ellas muchas películas de cine de arte y alternativo, no pornográficas pero con escenas sexuales gráficas, han logrado llegar a las salas de cine.

Lo curioso es que quienes clasifican las películas trabajan para los gobiernos y se rigen por las legislaciones relativas al tema. En el caso de Estados Unidos y México, un grupo de especialistas ve las películas y evalúa, por ejemplo, cuántos segundos de desnudo frontal tienen; puede haber entre diez y quince segundos sin ser pornografía. Las reglas son muy flexibles y los argumentos de los productores mejoran con el tiempo. Lo que queda claro es que resulta en verdad difícil para los clasificadores de filmes pornográficos y eróticos sustraerse de una cultura y sociedad que, en el fondo, acepta la violencia sutil como parte del sexo "normal".

Lo cierto es que hay un tipo de cine porno que no llega a los cines, excepto a unas cuantas salas pequeñas y oscuras, como aquella en la que hallaron masturbándose al millonario actor cómico Pewee Herman, lo cual le costó ir a prisión y ser objeto del desprestigio en la industria fílmica. En cambio, otros miles de famosos pueden, en la comodidad de su hogar, pagar de manera legal por una película pornográfica y masturbarse alegremente sin ser juzgados por nadie. Las industrias de cablevisión y de internet han permitido que la pornografía regrese a donde estaba en un principio: el silencio, la privacidad, el hogar.

Con ello se torna más complejo el fenómeno. Por un lado, permite que los menores tengan acceso a la pornografía, tanto en lo que se refiere a verla como a caer, a través del *chat*, víctimas de engaños que los acercan a personajes nefastos como Jean Succar. Por otro lado, de esta manera se encuentran resquicios en la red para introducir *hard core* (sexo explícito y a veces con violencia) y otro tipo de pornografía que fomenta y celebra la violencia extrema, e incluso el asesinato y la tortura como "expresiones eróticas" del hombre macho y sexualmente potente. Se incluye también una nueva forma de pornografía adolescente y adulta denominada *Live Sex Webcams* (sexo en vivo con cámaras de video en la red). Uno de los agentes investigadores de la AFI sostiene la hipótesis de que Succar grababa a las y los adolescentes a quienes invitaba a sus villas y les "prestaba los cuartos para tener sexo con sus novias o novios". De ser cierto, dichos videos se hallan en el mercado "informal" del denominado *Real Fucking* (sexo real) que tiene gran demanda en el mundo entero, porque combina la pornografía con el voyeurismo.

Hoy día los canales legales de televisión por cable y de paga muestran escenas que antes estaban prohibidas incluso en el cine comercial pornográfico. AT&T Broadband cuenta con quince millones de suscriptores y se calcula que quince por ciento de ellos paga por ver pornografía, a diez dólares la película; eso significa veintidós y medio millones de dólares anuales sólo de pago por evento porno. Para las empresas de cable AT&T y otras el negocio es uno de los más rentables del mundo, ya que el margen de ganancias es asombroso. Y es que, por ejemplo, CNN, ABC o Discovery Channel le cobran a las empresas por la programación mediante todo un sistema formal dado el cual las ganancias netas de la empresa de cable ascienden a dieciocho o diecinueve por ciento, en tanto que la pornografía se compra directamente a los productores y es tan grande la oferta de películas de este giro que el operador de cable se queda hasta con ochenta y cinco por ciento libres de polvo y paja.

De tal manera, en todos los países del mundo, al autorizar la proliferación de este negocio el Estado contradice de nuevo las leyes modernas que defienden los derechos de las mujeres, y los millones de pesos, dólares y euros invertidos por los gobiernos en el combate a la violencia contra éstas y a la violencia sexual contra niños y niñas.

Tanto en televisión como en sitios de internet debidamente legalizados que pagan impuestos y cuentan con aprobación gubernamental aparecen escenas de penetración vaginal y anal, orgías, sexo en grupo, sexo forzado o violaciones sutiles, inducción al deseo por "niñas y niños vírgenes" y sadomasoquismo "light". Nada nuevo si entendemos que muchas de las empresas de cablevisión, con sistema de *Pay Per View*, y Playboy cotizan en la bolsa de Wall Street.

Está claro que hay un debate sobre libertad de expresión cuando se trata de manifestaciones cinematográficas eróticas y sexuales, y aunque sin duda creo que las personas adultas tienen derecho a hacer lo que les plazca con su sexualidad y su cuerpo, es pertinente, en el contexto de una investigación sobre pornografía infantil, demostrar cómo este negocio se expande frente a la pornografía juvenil y *barely legal* (apenas legal) normalizando la cosificación de las jóvenes menores de veintiún años, convirtiéndolas en *chicas calientes, putitas disponibles*. El discurso detrás de esta industria debe analizarse desde la semiótica de la violencia sexista y la adultocracia violenta que impone códigos erotizantes de sumisión y malos tratos. Porque no es lo mismo que una pareja adolescente se grabe y comparta su propio video sexual a que una industria los utilice imponiendo códigos de comportamiento sexual empleando la mercadotecnia en la que subyace una ideología puntual falocrática. En 2015 la batalla de la industria pornográfica es feroz, enfrentados a millones de imágenes gratuitas que circulan sin control en la web, pagan menos a sus actrices, crean escenarios más violentos y complejos, perpetúan el racismo y los clichés culturales con películas de televisión como *Sirvientas latinas calientes* o *Babysitters pervertidas*. El lenguaje sigue siendo del siglo pasado, pero la juventud de las actrices es ciertamente una novedad.

La reacción de muchos ante estas críticas consiste en calificarlas de moralinas o conservadoras, pero por el contrario, es el conservadurismo de la cultura erótica lo que produce la violencia sexual. La famosa muestra del Museo de Arte Asiático de San Francisco, California, denominada Seducción, el mundo flotante del Japón, una exposición sobre la cultura de la pornografía y prostitución de geishas entre los años 1600 y 1900, demuestra con gran detalle cómo se logró crear un lenguaje de sofisticación alrededor de los burdeles mundialmente famosos, donde las mujeres eran reclutadas a partir de los ocho años de edad y las niñas de quince ya eran consideradas viejas para ser entrenadas. Según los historiadores, hasta llegar a adultas quedaban atrapadas en un círculo vicioso de endeudamiento con el propietario del burdel que en promedio duraba diez años.

Los curadores de la muestra reconocen en la propia exposición y en su página web que el arte desempeñó un papel central en la promoción, sofisticación y normalización de la prostitución infantil y juvenil, por tanto fue un impulsor natural de la economía del sistema de prostitución forzada geisha desde el siglo XVII hasta el XIX. No se trata de fustigar ni censurar el arte como expresión de la realidad, más bien resulta importante ser capaces de comprender cómo, a la luz de los hechos, nadie, ni los artistas, puede sustraerse del discurso de la normalización de la esclavitud. Algunos y algunas artistas por fortuna son capaces de retratar esa realidad con una mirada sociocrítica.

Jazmín fue traída a los diecisiete años de Venezuela a México para bailar en un *table dance* de Monterrey y, por medio de amenazas de sus "compradores", fue vendida después a Estados Unidos, donde acabó haciendo cine pornográfico.

Entre la vida de Jazmín y los beneficios millonarios que su miserable trabajo arroja en Wall Street, hay un camino perfectamente pavimentado por un grupo de agentes de migración, policías, empresarios respetables, políticos famosos con la protección del fuero, banqueros que aceptan dinero de orígenes cuestionables y vendedores de películas. Todos ellos tienen una cosa en común: saben que la cultura los favorece y los protege "porque son hombres y sienten deseos sexuales que se nutren sanamente con la pornografía y la prostitución".

Si bien doce por ciento de quienes participan en los delitos de tráfico de mujeres e inducción a la prostitución y al comercio sexual está compuesto por mujeres, habría que revisar la perspectiva de la doctora Dianne Russel, quien afirma que la gente cree aún que este debate es una "guerra de los sexos" (de las feministas contra los hombres), pero en realidad constituye una masacre contra mujeres, niñas y niños. Lo cierto es que no podemos pelear solas desde el hogar. El que nos ocupa es un asunto político. La doctora Russel es ganadora del C. Wright Mills Award por su aportación a las ciencias sociales con una investigación sobre pornografía y abuso sexual de menores. En la última década el Centro de Estudios de Crímenes contra Niños (Crimes Against Children Research Center) de la Universidad de New Hampshire ha demostrado con investigación cibernética que cuando las autoridades detienen a los productores del material original, bajan sustancialmente la circulación de la pornografía infantil y protegen los derechos de la infancia, parando el flujo y la demanda de este material.*

* Wolak, J. *et al*., "Measuring a year of child pornography trafficking by U.S. computers on a peer-to-peer network", *Child Abuse & Neglect* (2013), http://dx.doi.org/10.1016/j.chiabu.2013.10.018.

24. Ni monstruo ni bestia: hombre de poder

El abuso sexual infantil no es cometido por psicópatas, ni mons-
truos, ni bestias, es cometido por hombres con poder sobre sus vícti-
mas. Ellos piensan: "esta niña es el objeto de mi poder y mi placer",
y actúan sobre su deseo.

JULIA MONARRES
COLEGIO DE LA FRONTERA NORTE, MÉXICO

Si tuviéramos que definir el perfil que pudiera recoger
al agresor en todas sus manifestaciones, éste vendría dado
por tres características fundamentales: hombre, varón, del
sexo masculino. No hay perfil, se trata de un perfil elásti-
co y maleable que puede adoptar cualquier forma sin que
se modifique su esencia.

Éstas son palabras del doctor Miguel Lorente Acosta (Almería, 1962), médico forense, profesor asociado de medicina legal en la Universidad de Granada y autor del libro *El rompecabezas: anatomía del maltratador*.

En el mundo entero se han escrito miles de libros sobre abuso sexual infantil y tráfico sexual de niñas, niños y mujeres en general. Sin embargo, casi todos se centran en las historias de las víctimas y las secuelas de su dolor. Excepto los textos académicos especializados, en pocas ocasiones se habla de los perpetradores. De esos millones de hombres de negocios, padres de familia, políticos, policías, curas, obispos, maestros, rabinos, empresarios y estudiantes que a diario buscan comprar sexo, activando así uno de los negocios más rentables del mundo después del narcotráfico.

Según informes del Unicef, noventa por ciento de los negocios de prostitución es comandado, coordinado, controlado y protegido por hombres. Además, los principales consumidores son, claro está, varones. En México, sólo en 2004, trece mil niñas mexicanas fueron explotadas sexualmente por connacionales.

En su gran mayoría, los estudios que abordan el tema del comercio sexual en el mundo sostienen una visión parcial del fenómeno. Su complejidad se pierde casi siempre cuando las y los autores enfrentan la necesidad de explorar el fondo del debate políticamente correcto de "el derecho de las mujeres adultas a ejercer la prostitución" o "la necesidad biológica de los hombres a tener sexo sin necesidad de relacionarse afectivamente".

La madeja se entrampa en un tejido de argumentos contradictorios, escuchados en boca de hombres como Bill Clinton, Cuauhtémoc Cárdenas, Diego Fernández de Cevallos, Andrés Manuel López Obrador y hasta del obispo primado de México, que justifican el comercio sexual como una empresa "ilegal, pero necesaria" o como "la profesión más antigua de la humanidad". De esta manera se naturaliza un delito contra las mujeres y las niñas y niños, al grado de que dicho negocio está reglamentado o legalizado en diversos países del mundo.

Pero ¿cuáles son las raíces de esa normalización del comercio sexual? Sí, un comercio formal que, a la vez que se exhibe en público como un horror social (en casos como el del pederasta Succar Kuri), por debajo de esos casos ejemplares, mantiene la maquinaria perfectamente aceitada para continuar produciendo miles de millones de dólares al año.

—La sociedad mantiene en las bases de la prostitución un argumento sólido: "Las mujeres pueden ser compradas" y, por tanto, "siempre habrá un hombre para adquirir su cuerpo y usarlo" —asegura Julia Monarres, feminista y académica investigadora del Colegio de la Frontera Norte, en Chihuahua, México.

Prácticamente en todas las culturas de oriente y occidente la sexualidad humana tiene, incluso en pleno siglo XXI, una carga de tabú que le permite sostenerse sobre argumentos biologicistas anacrónicos. En el tema que nos ocupa, el primordial es que a hombres y mujeres por igual suele educársenos con base en la teoría de que ellos tienen una necesidad sexual biológica de tal magnitud que justifica que realicen actos como el de comprar sexo a terceros y forzar a sostenerlo a personas que no lo desean o que los rechazan.

En esos mismos preceptos culturales, justificados incluso en libros como *La Biblia* y *El Corán*, encontramos que se califica a las mujeres sexo servidoras —que en su gran mayoría entran a la prostitución de manera forzada— como seres desechables, inferiores y sucios que merecen el desprecio de la sociedad, pero útiles como vaginas socializadas.

A esa sociedad no le importa que miles de esas prostitutas lo sean por la violencia estructural que les impide encontrar otras formas de vida y que engrana con una economía androcéntrica facilitadora del negocio del lenocinio. Todas son despreciadas, incluso aquellas que fueron secuestradas, vendidas y enviadas a los grandes prostíbulos del mundo en Holanda, Bélgica y Austria, por mencionar algunos. Receptoras de un vilipendio similar son las que se mantienen como esclavas sexuales en los Emiratos Árabes, en Israel, en Grecia y, por supuesto, en México, donde la industria de la explotación sexual ha crecido cuarenta por ciento en los últimos diez años.

Tan sólo en Monterrey, Nuevo León, en tres años (2002 a 2004) el negocio del comercio de mujeres y de los *table dances*, alimentado con extranjeras traídas a México a través de las redes de corrupción tejidas entre empresarios, agentes de migración y los cuerpos policíacos locales, ha arrojado ganancias de más de doscientos millones de pesos a muchos. Entre ellos se encuentra el restaurantero apodado *el Diablo*, sobre quien tanto la Segob, por medio del Instituto Nacional de Migración, como la AFI, tienen investigaciones abiertas por tráfico de mujeres adolescentes, traídas desde Venezuela, Cuba, El Salvador y, a últimas fechas, Rusia. En febrero de 2005 el diario *El Norte* publicó una nota en la cual refiere que "Marcial Herrera Martínez, presidente de la organización estatal Comprometidos por Nuevo León presentó ante la delegación de la PGR de Nuevo León, una denuncia contra Alberto Sada Martínez, integrante de la Comisión de Acceso a la Información Pública Estatal, por presuntamente tener relación con cinco sitios de internet con material pornográfico". Finalmente, la investigación del caso Sada Martínez se quedó en una simple refriega moral de la sociedad neoleonesa, ya que ésta no es delito.

Años más tarde seguí las pistas de varios casos de Monterrey publicados en mi libro *Esclavas del poder*, que muestra los vínculos del gobernador y su hermano con los prostíbulos VIP y la trata de mujeres extranjeras en México para explotación sexual comercial.

La defensa de Jean Succar argumenta que las niñas aceptaban dinero a cambio de tener sexo con Johny. "Es simple prostitución", dijeron a la prensa. En ese contexto la prostitución y la pornografía son sólo dos negocios lucrativos más que forman parte de la economía mundial avalados por el Estado. Son parte de una industria formal que abre tiendas donde se autoriza la venta de videos que reproducen todas las formas de sexo violento, como una variante de entretenimiento masculino. Una industria que se rige bajo las leyes sanitarias, en todo el mundo, las cuales exigen tarjetas de salud a las prostitutas (pero no a sus clientes, ni a sus lenones) y bajo leyes que regulan las zonas "de tolerancia" y conceden permisos de operación a prostíbulos y *table dances* con bailarinas ilegales.

El analista Carlos Paris manifiesta al respecto:

En efecto, al institucionalizar, reconocer y, por lo tanto, normalizar, una práctica inadmisible para una sociedad en que los seres humanos alcancen su plena libertad y dignidad, la legislación se hace cómplice de semejante actividad. Y si, como algunos pretenden que a través de la regulación se recauden impuestos, asistiríamos a la conversión del Estado en gran proxeneta. Esta repugnante complicidad debería ser motivo de reflexión para quienes la regulación proyectan.

Pero en una actitud más radical se mueven las opiniones que llegan a considerar a la prostitución como expresión de la libertad propia de una sociedad no represiva. Semejante pretensión exaltadora adolece de dos graves defectos: su falseamiento de la realidad y su inconsistente análisis de la libertad y las relaciones sexuales. En el primer aspecto se vuelven las espaldas al hecho de que la inmensa mayoría de las prostitutas ha llegado a tal situación forzadamente, sea por coacción directa, sea por indigencia. Y en el segundo se desconoce que la libertad no puede ser unilateral en las relaciones sexuales; exige la libre voluntad por ambas partes, y quien se entrega por una retribución sustituye, aun en el caso de una persona no coaccionada, la libre iniciativa por la servidumbre al poder del dinero.

Al referirse a la explotación sexual infantil, la experta Melissa Farley ha dicho que en realidad se trata de la comercialización de una violación sistemática de niñas y niños que apenas se encuentran desarrollando su propia conceptualización de la sexualidad; por ello las pequeñas víctimas desarrollan una reacción paradójica frente a sus violadores. Los violadores de niñas y niños utilizan el discurso de la libertad sexual para convencerlos de que les pagan por expresar sus necesidades eróticas, cuando en realidad les dan obsequios, y en ocasiones dinero, para paliar la culpa y convertirlos en falsos cómplices de un abuso de poder inaceptable.

De la mano de ese negocio van siempre imbricados otros que sí son considerados delitos, como la pornografía infantil y la trata internacional de mujeres y menores para fines de comercio sexual.

La contradicción de las políticas de Estado al respecto es absolutamente visible y evidente. Las de la pornografía y la prostitución son industrias que, si bien nacen, crecen y se fortalecen en el ámbito de la violencia y el abuso, están integradas con claridad en la estructura social; y quienes hacen las leyes y las ejecutan no dan visos de estar interesados en prohibir la explotación sexual adulta, conocida en el mundo comercial como prostitución.

Las niñas y jovencitas a quienes Jean Succar Kuri explotó durante años fueron observadas, al igual que el sujeto, por cientos de personas que decidieron no hacer nada para detenerlo.

Pero ¿por qué —se preguntará usted— consideramos tan normal la prostitución adulta y nos afecta tanto la infantil? La respuesta nos la ofrece, en parte, el criminólogo español Miguel Lorente Acosta…

Una sociedad no podría aceptar que se está utilizando la violencia y la agresión para mantener controlada y sometida a la mitad de la población, a las mujeres y niñas. La sociedad, con sus normas y valores androcéntricos, responde ocultando la realidad.

Por su parte, la ya mencionada doctora Dianne Russel, de origen sudafricano y autora de los libros *El trauma secreto: el incesto en la vida de niñas y mujeres* (Basic Books, Nueva York, 1986) y del aclamado *bestseller Making violence sexy* [Haciendo sexy la violencia] (Teachers College Press, Nueva York, 1993) agrega su opinión al argumento anterior. Durante una entrevista realizada en la Ciudad de

México, la creadora del término *feminicidio* (el homicidio de mujeres como crímenes de género) comentó:

—Yo definiría a la pornografía como un material que combina sexo y/o exposición de la genitalia con abuso y degradación en una forma que logra promover, disculpar y fomentar ese comportamiento sexual degradante. Conceptualizo a la pornografía como una forma de lenguaje de odio y discriminación contra las mujeres y niñas. Las revistas pornográficas y los sitios de internet están plagados de este lenguaje. Basta ver un ejemplar de *Hustler*, de Larry Flynt, y observar cómo se traduce en actos de supuesta sensualidad y sexualidad una violación múltiple de una joven en una mesa de billar. En internet encontramos también la erotización del incesto, la violación y la mutilación.

Con respecto a la diferencia entre pornografía y erotismo, la doctora Russel explica:

—El erotismo es un material sexualmente sugestivo y excitante, que está libre de racismo, sexismo y homofobia, y que es respetuoso de todos los seres humanos. No tengo nada en contra del sexo explícito, aunque el erotismo es mucho más que sólo cuerpos, puede ser el simple acto de mirar. La diferencia básica en relación con la pornografía es que el erotismo está libre de violencia.

Las víctimas de Jean Succar Kuri testifican que mientras el sujeto las forzaba a tener sexo, con él o con otras niñas y niños, las grababa en video y tomaba fotografías digitales que luego les mostraba en su computadora. Como ya mencionamos, un grupo especializado de la AFI halló dichas fotografías y se identificó a las víctimas retratadas en ellas como las denunciantes. En ese contexto preguntamos a Dianne Russel cuál considera que es la liga entre la pornografía y la perpetuación de los demás delitos sexuales.

—Existen varios experimentos científicos. Entre ellos puedo mencionar uno de Neil Malamuth; éste muestra que los integrantes de un grupo de hombres que no han mostrado un perfil violento ni sexista durante su vida, después de ser expuestos sistemáticamente a videos pornográficos, comienzan a albergar fantasías y sueños de violación sexual, en los que son sujetos activos. El resultado es sorprendente porque ellos mismos se asustaron ante los efectos inconscientes de la pornografía. Otro estudio indica cómo la pornografía debilita las inhibiciones de hombres que antes del estudio habían declarado sentir el impulso de violar a una mujer a quien deseaban y no correspondía sus afectos, o a quien ni siquiera conocían.

"Los trabajos de dos especialistas norteamericanos, Zillman y Bryant, muestran también que la exposición repetida durante un periodo de cuatro semanas a videos porno aumentó en setenta por ciento la superficialidad con que los hombres (los sujetos de estudio) veían la violación. La mayoría reportó al final de la investigación que ésta era responsabilidad de las víctimas y no era un delito grave; por tanto, concluyeron que se atreverían a forzar a una joven a tener sexo con ellos si estuvieran seguros de que —al igual que en las películas pornográficas— se saldrían con la suya sin ningún castigo.

"Pero —continuó la doctora Russel—, tal vez el estudio fundamental sobre este tema es el de James Check. El doctor Check logró realizar comparaciones formales sobre el efecto de distintos tipos de pornografía en los hombres. Encontró que el material violento genera los efectos más negativos; en segundo lugar se encontró un patrón de aceptación en la pornografía que degrada a las mujeres para excitar al varón y, en tercer lugar, que el material erótico generaba la misma excitación en el sujeto sin los efectos negativos de la violencia inducida. Por supuesto, entre los efectos negativos de la pornografía que James Check documentó, se encuentran los de la normalización de la violación de la mujer 'objeto' de sus deseos."

Según Dianne Russel, la estrategia de Succar al mostrar a sus víctimas las fotografías y videos en los que se ven degradados, cumple dos fines específicos: "normalizar" los hechos en la mente de los menores y hacerles saber que él tiene pruebas de "sus pecados" o "sus cochinadas", como las propias víctimas les llaman.

La opinión de Russel resalta aquella conversación sostenida por la denunciante principal de Succar y Gloria, su esposa, misma que transcribimos en páginas anteriores. En dicha conversación Gloria le dice a Emma que antes de que llegara la policía pudo robar unas cosas del departamento en Cancún de su esposo Jean Succar y que entre ellas se encuentran unos videos. Emma le pregunta: "¿Los videos donde estoy con otras niñas? ¿Y donde estoy con él?" [refiriéndose a Succar]. "Sí", responde Gloria, "ve haciendo memoria para que no te sorprendas cuando estén en el juicio".

De acuerdo con los investigadores de la PGR y las especialistas de Protégeme, A. C., esta conversación demuestra con claridad que Succar mantenía a su lado a las víctimas extorsionándolas con la posibilidad de mostrar esos videos a sus madres y padres y comprobar que "lo hacían por gusto". Coinciden con la doctora Russel al analizar el argumento esgrimido por el pederasta en una de sus charlas con Emma.

Succar le asegura a su víctima: "Vamos a hacer la prueba… si no te gusta el sexo [con otras niñas] nos vamos, te ofrezco un millón de dólares, si no te gusta no lo haces, ni por todo el dinero del mundo". Con este argumento sigue responsabilizando a sus víctimas del abuso que él cometió como adulto. Con toda tranquilidad corresponsabiliza a las niñas y niños menores, de incluso cinco años de edad, por "aceptar sus caricias y tener sexo con él". Succar, como otros pedófilos y explotadores de niñas, los educaba para la prostitución, vista la educación como un condicionamiento. Dice el filósofo Fernando Savater que al educar enseñamos a los niños a descubrir la diferencia entre lo que es bueno y lo que es malo; hombres como Succar entrenan a sus víctimas para mirar el mundo de forma distorsionada, para, al sentir emociones ambiguas respecto al placer y al deseo, someterse al discurso de ese adulto poderoso que, desde ese lugar parecido al del torturador, les hace sentir que su vida vale en la medida en que obedezcan los deseos de quien manda.

Jean Succar Kuri y algunos de sus amigos, los que participaban en las fiestas o le pagaban para que les enviara niñas —al igual que los jóvenes de los estudios sobre pornografía que menciona Dianne Russel—, normalizan la violencia sexual, el abuso y la tortura psicológica de sus víctimas, a tal grado que, en pleno uso de sus facultades, se convencen a sí mismos de que sus víctimas deseaban, tanto como ellos, tener sexo en secreto. Así, la extorsión y las amenazas se convirtieron en factores erotizantes para ellos y en parte del juego de la seducción que ejercían sobre las víctimas menores de edad.

Según su propia visión, Jean Succar no es, por tanto, ni bestia ni monstruo; es un hombre normal (porque entra en la norma) que durante más de veinte años abusó de niñas y niños menores de edad. Por eso siempre aseguró que, al darles regalos caros y pagarles la escuela a sus víctimas (en especial a Emma) les paga por sus servicios; son, en sus propias palabras, "sus putitas"; es decir, sus prostitutas. De tal manera, él, como millones de hombres en todo el orbe que pagan a lenones por tener sexo con jovencitas o niñas, afirma que éstas son prostitutas, y dado que la prostitución es un negocio mundial perfectamente legal, ¿cuál es el problema? ¿Por qué se han de sentir culpables? Habría que preguntarles a las famosas firmas de abogados de Estados Unidos sobre los casos que han litigado a este respecto.

25. Succar leyó *Lolita*

En el video, Jean Succar asevera que todo lo que hace con niñas, aun las de cinco años de edad, es normal. Al igual que todos los políticos y empresarios que participaron en esta red de explotación sexual, millones de hombres y mujeres han crecido en una cultura en la cual el sexo con menores es considerado "interesante y sexy". Quienes consideran que hombres como Succar no tienen valores, manifiesta la sexóloga Patricia Escobar, se equivocan, poseen valores masculinos sólidos. Y lo explica:

—La prostitución se sustenta en viejos valores culturales. Desde la literatura del siglo XIX hasta el cine de nuestra época la han glorificado como un tema "interesante", a tal grado que pocos de los grandes novelistas varones que se precien de contar con un alma masculina intelectual se abstienen de la tentación de escribir algún libro que mencione prostitutas sucias y sensuales que se desenvuelven en ambientes sórdidos y hombres interesantes que se enamoran de ellas, pero las desprecian por ser putas. Pocos intelectuales niegan sentirse fascinados por Lolita o Dolores Haze, la ninfa de doce años de edad de quien Humbert Humbert —ambos personajes del novelista ruso Vladimir Nabokov— se enamora perdidamente. La novela, considerada una joya literaria, está clasificada como "una obra literaria de erotismo sublime, en la cual Humbert, un intelectual ruso de edad madura que llega a Estados Unidos en busca de su amor adolescente perdido, se enamora de una niña de doce años; para conquistarla desarrolla los planes más elaborados para hacerse dueño de su pasión prohibida".

El caso de la sublimación del abuso sexual infantil más reciente es el del afamado escritor colombiano Gabriel García Márquez, quien recibió un ataque feminista por internet en casi todos los países de Latinoamérica por su libro *Memoria de mis putas tristes*. Al respecto la periodista colombiana Sonia Gómez Gómez escribió en octubre 27 de 2004:

Mientras el país se da golpes de pecho, se rasga las vestiduras, se asombra y se pregunta por qué crecen las cifras de violencia sexual contra los menores de catorce años, especialmente contra las niñas, nuestro Nobel y sus editores se llenan los bolsillos de plata con *Memoria de mis putas tristes*, que recrea las aventuras de un anciano que empieza su relato contando cómo "el año de mis noventa años quise regalarme una noche de amor loco con una adolescente virgen… Me acordé de Rosa Cabarcas, la dueña de una casa clandestina que solía avisar a sus buenos clientes cuando tenía una novedad disponible…"

La novedad disponible para el antañón de marras fue, por supuesto, una virgencita de catorce años "…morena y tibia. La habían sometido a un régimen de higiene y embellecimiento que no descuidó ni el vello incipiente del pubis. Le habían rizado el cabello y tenía en las uñas de las manos y los pies un esmalte natural, pero la piel color de la melaza se veía áspera y maltratada. Los senos recién nacidos parecían todavía de un niño varón, pero se veían urgidos por una energía secreta a punto de reventar… Un tierno toro de lidia". ¿Qué novelón tan parecido a la realidad? ¡Ah, pero claro! es que estamos en el mundo del realismo mágico, en el mundo de las miles de 'puticas tristes' que no lo son porque les da la gana, sino, precisamente porque una cultura machista, perpetuada por la literatura, por los textos escolares, por la tradición, ha enseñado a los varones que tienen derecho a darse esos gustazos con virgencitas indefensas, con pieles ásperas y maltratadas.

Qué odiosa esa literatura que reproduce el esquema de la mujer objeto; esa literatura que se vende como pan caliente y llega a los salones de clase y se convierte en un texto obligado, para que a los chicos no se les olvide que a los veinte, los cuarenta, los ochenta o los noventa, la sociedad les da el derecho de quitarle la ropa a una niña y violarla, sin que a nadie le importe su indefensión y su desgracia.

Yo protesto contra esta literatura sexista, venga de donde viniere, así el autor de marras se llame Gabriel García Márquez, que más bien debería haberse ocupado, a estas alturas de la vida, por contarnos historias que nos den luces para salir de esta noche negra de Colombia, donde los niños y especialmente las niñas, se han convertido en carne tierna para roedores humanos. Me uno al coro de muchas mujeres que como yo estamos indignadas con la tal novela de las putas tristes, porque ya estamos cansadas de que la literatura hable de las putas que venden su cuerpo por el hambre y de que guarde silencio ante los "putos" de todas las pelambres que se acuestan con niños y niñas, no por hambre, sino por saciar sus inseguridades y por reafirmar un poder que no tienen.

"¡Por Dios, señora, si es sólo ficción!", dirán algunos. Pero cito a Florence Thomas cuando escribe: "El lenguaje es el fundamento de la reproducción del sexismo; es un aparato de construcción y de representación de la realidad y, por consiguiente, de la acción sobre ella por medio de elaboraciones simbólicas. A través de él internalizamos ideas, imágenes, modelos sociales y concepciones de lo femenino y de lo masculino, entre otras. En este sentido no habrá ni devenir femenino, ni nuevos sujetos, si dejamos el trabajo sobre lo simbólico y sobre el lenguaje, todo ese sistema de representaciones del mundo que conforman los pilares de nuestras identidades".

Podemos estar o no de acuerdo con la opinión de Gómez; aquí no intentamos por ningún motivo proponer la censura de libros, ni moralizar sobre ellos; se trata más bien de atrevernos a hacer un ejercicio intelectual para estudiar, a la luz de los hechos y las relaciones eróticas entre hombres y mujeres, la pederastia en la literatura. Existe una gran limitación intelectual en varios periodistas que han reaccionado visceralmente a las críticas del feminismo hacia esta literatura, cuando lo que intentamos es justamente comprender cómo las sociedades y sus pensadores han asimilado y reproducido una narrativa que embellece la violencia sexual contra las niñas y mujeres.

En este libro insisto en que no es sólo válido, sino útil hacer un análisis de fondo para comprender la glorificación y validación de la violencia sexual en la literatura y la historia. Al leer novelas como *Memorias de mis putas tris-*

tes o la propia *Lolita* de Nabokov, y estudiar la condición lingüística de las obras en cuestión, la condición psicológica; es decir, la causa eficiente de la literatura: que es la necesidad del autor de exteriorizar un contenido psíquico y la causa final, que consiste en la recepción de la obra por el entorno. Un texto puede estar bellamente escrito, pero no por ello hemos de abstenernos de analizar la condición psicológica que subyace en la obra. También es importante estudiar la condición axiológica, que se refiere a la esfera de valores en la que una obra es reconocida por su valor literario de arte y belleza. Está claro que la ficción literaria, el cuento o la novela, se refiere a la creación de un mundo irreal, pero ¿qué sucede cuando las descripciones de pederastia y trata de personas son prácticamente idénticas entre la ficción y la realidad? Vale la pena analizar, no para censurar, sino para comprender los impulsos psíquicos y la normalización de las violencias erotizadas.

26. El juicio en Cancún

Cuando la PGJE interrogaba a Emma, se supo que ella había llevado a su hermanita, a una prima y a un primo a casa de Succar Kuri, quien en un momento dado abusó de ellos. De inmediato Emma fue juzgada por la prensa y por agentes del DIF municipal y de la Procuraduría General de Justicia del Estado. Aunque la joven (quien a su vez fue llevada a los trece años por otras amiguitas de la escuela) lo hizo cuando era menor, ahora que ha alcanzado la mayoría de edad —tiene veinte años— se le quieren imputar delitos de complicidad con Succar.

Este fenómeno se liga a la cultura dominante, en la cual la policía persigue, hostiga, extorsiona y encarcela a las mujeres por ejercer la prostitución, pero nunca hace lo mismo con los lenones que las explotan, maltratan y esclavizan. Hay un acuerdo tácito de proteger a los hombres que usan a las mujeres de cualquier edad para el sexo (por supuesto, no se trata de todos ellos, sino de los involucrados en estos hechos). Lo cierto es que rara vez se cuestiona a un varón que paga por sexo, pero sí a una mujer que lo vende. En ese curioso binomio perfecto hay una constante: la mujer, sin importar su edad, siempre resulta culpable de seducir al varón, ya sea a los ojos de Maupassant, Baudelaire, Succar Kuri, o en la fantasía de García Márquez. De tal modo, los clientes de la prostitución casi nunca han sido tocados por la ley. En algunas culturas incluso prevalece la prostitución sutil, que consiste en la venta de mujeres adolescentes, que son ofrecidas a los hombres como una dote a cambio de un terreno o incluso de ganado.

—¿Es posible que encarcelen a Emma y a su madre por complicidad con Succar? —le preguntamos a la abogada Verónica Acacio.

—Sí —es su respuesta—. Si la Procuraduría de Justicia tiene suficientes elementos y presiona, puede lograrlo con facilidad.

—¿Por qué? —la urgimos a precisar.

—Muy sencillo —explica la litigante—; al fin y al cabo, en nuestra cultura, en la mente de los violadores y agresores, las mujeres son las culpables por dos razones: por el hecho de ser mujeres y por ser deseables para ellos. Y en esa cultura están insertados muchos de los policías, los jueces, los magistrados y algunos periodistas. ¿Cuántos de ellos crees que consideran normal la prostitución o la han utilizado? Los que entienden el fenómeno de la explotación sexual de las mujeres son, por desgracia, la excepción, no la regla.

¿Será posible que se sustraigan de esa cultura millones de hombres adolescentes y adultos que en la actualidad son usuarios de todos los tipos de pornografía y prostitución (internet, revistas, libros, televisión por cable, tiendas, burdeles)? Resulta sumamente difícil.

La psicóloga y maestra en sexología Claudia Fronjosá Aguilar señala:

> La educación de las nuevas generaciones es la única respuesta. Basta hacer un breve viaje por la historia que nos ha nutrido durante siglos, la que nos ha formado en lo que es "ser hombre" y "ser mujer".
>
> En la antigua Grecia y en Roma se obligaba a las prostitutas a portar ropa que las distinguía de las demás mujeres, y además pagaban impuestos altísimos. Para la religión judía no hay prohibición contra la prostitución, los hombres pueden pagar por sexo; miles de judíos ortodoxos de Israel pululan por el barrio rojo de Tel-Aviv, esa ciudad famosa por sus altos índices de explotación sexual y prostitución. Sin embargo, las prostitutas deben pertenecer a otra fe, no a la judía. El patriarca Moisés impuso estas medidas.
>
> Fue justo en el Oscurantismo; es decir, en la Edad Media en Europa, cuando se inventó el matrimonio religioso tal como hoy lo conocemos y se concibió la forma de familia nuclear moderna. A la vez, en ese tiempo, la prostitución alcanzó el mayor crecimiento de la historia, al ser insertada en el sistema del Estado. Se le reguló y protegió, se le adjudicaron cuotas especiales para el erario. Entre las historias más curiosas se encuentra la de la ciudad francesa de Toulouse, cuyo gobierno local se mantuvo en la gloria debido a los cuantiosos ingresos por impuestos surgidos de los burdeles, con los que se construyó la famosa Universidad de Toulouse.

En Inglaterra, para la apertura de un burdel se precisaba de la venia del obispo de Winchester; si él lo aprobaba, los lords del Parlamento signaban el permiso.

Pero se habló de las enfermedades de transmisión sexual y el Estado decidió regular a las "sucias prostitutas que contagiaban a los hombres". Así surgieron los primeros proyectos de ley, en el siglo XVI, destinados a establecer controles sanitarios sobre las prostitutas, pero de los clientes y su habilidad para contagiar a veintenas de mujeres no hay rastro en la historia. Los moralistas intervinieron —intentaron clausurar los burdeles por completo—, pero los ciudadanos se negaron; entonces comenzaron las primeras razias del Estado contra las prostitutas y es probable que en ese momento naciera lo que hoy es un deporte internacional: la extorsión y violación policiacas de las prostitutas.

Llega a tal grado la fusión de la normalización de la explotación sexual, que el delito de trata de personas en México sigue tipificado por las autoridades como "trata de blancas", un término del siglo XVI y que se refiere al secuestro de mujeres que eran vendidas básicamente por marineros en diversos países de Europa y América.

El delito se denomina penalmente "trata de personas para fines de explotación sexual comercial". Afortunadamente, en 2015, México tiene mejores leyes para perseguir a los explotadores, antes simplemente llamados lenones.

27. Turismo sexual

La nueva era empresarial presenta la explotación sexual como un negocio sumamente lucrativo para las mafias que lo controlan. Se dice que el turismo es la empresa del siglo XX, a la cual acompaña la venta, desde sitios de internet de fácil acceso, de tours paradisiacos con sexo pagado incluido para el viajero con mujeres exóticas, jóvenes y dispuestas. Casi nadie escapa de esta lacerante realidad: América Latina, Asia, Estados Unidos, Europa, África, Canadá, Oceanía. Según Unicef, más de un millón de niñas y niños son robados al año para insertarlos en el negocio del turismo sexual con infantes. De acuerdo con Rafael Macedo de la Concha, la PGR investiga a Succar por ofrecer a sus niñas por vía cibernética para tender una red de turismo sexual infantil. María Rubio, esposa del gobernador de Quintana Roo, asegura que en su estado existen mafias que controlan el turismo sexual con infantes. Pese a todo, las autoridades, muchos medios, e incluso especialistas de la sociedad civil organizada, llaman aún a este fenómeno "prostitución infantil", lo que implica, de manera falsa pero inconsciente, que hay un intercambio de dinero y de voluntades entre un adulto que paga por tener sexo con una niña de trece, catorce o quince años, quien es forzada a aceptarlo para que su explotador cobre.

La página de internet www.missingkids.com presenta una lista de las razones por las que los hombres adultos compran paquetes para tener sexo con niñas en países como Cuba y México.

La industria de la pornografía infantil, directamente relacionada con el abuso sexual, el secuestro (para fines sexuales) y la explotación infantil, genera ganancias multimillonarias y, al igual que la del cine pornográfico, se entrelaza cada vez con mayor desenfado con las industrias formales. Todo ello no sería posible sin tres elementos: la protección de hombres de poder al crimen organizado que sustenta estos males sociales, la corrupción del Estado y la visión androcéntrica que protege los intereses masculinos. Se calcula que más de trescientos millones de hombres adultos en América Latina pagan por tener sexo con mujeres jóvenes, según el Fondo de Desarrollo de las Naciones Unidas para la Mujer (Unifem).

En algunos países árabes y del sudeste asiático, donde el patriarcado es notoriamente fuerte, la venta, utilización y castigo de niñas y mujeres son vistos con naturalidad. En el video grabado, sin que él lo supiera, Jean Succar afirma que no es muy malo lo que hace. Además, durante una conferencia de prensa un agente de la PGR lanzó al aire un: "¿Y si en el Líbano es normal que se metan con niñitas?", a lo cual nadie respondió.

Las redes de turismo sexual se extienden de tal forma que incluso los taxistas de ciudades como Cancún se convierten en "contactos" para llevar a los turistas a su destino final: los sitios de explotación sexual de menores.

28. Después de la tormenta

Jean Succar Kuri asegura de voz propia en el video grabado que siempre ha tenido sexo con niñas de incluso cinco años de edad. A Gloria, su esposa actual, la conoció en Acapulco cuando tenía quince. El pederasta vivía dos semanas del mes en Cancún desde hace veinte años. El resto del tiempo viajaba a Los Ángeles, California; a Las Vegas, Nevada; a Hong Kong, y a donde sus negocios lo llevaran para traer consigo cuantiosas sumas de dinero en efectivo. Comenzó con una fuente de sodas en el aeropuerto de Cancún y un par de tiendas de playeras baratas para turistas. Años después era propietario de cincuenta villas y operador del Hotel Solymar. Tenía a su nombre tres tiendas de artesanías en el aeropuerto de Cancún y hasta la fecha es dueño del restaurante central del mismo aeropuerto, concesión que consiguió por medio de su amigo Alejandro

Góngora. Asimismo, es propietario de un restaurante en Los Ángeles y de una mansión en esa misma ciudad.

A la fecha en que termino de escribir este libro, han transcurrido catorce meses después de la denuncia presentada contra Succar Kuri y once meses de que fuera detenido y encarcelado en Chandler, Arizona. Se sabe ya que hay mucho más detrás de la historia de un "viejo árabe" que tiene una perversión por niñas y niños menores. Se sabe que Gloria Pita es experta en manejo de internet y en armado de páginas cibernéticas. Se sabe que los primeros abogados defensores de Succar en Cancún, los litigantes Gabino y Sidharta Andrade, renunciaron tan sólo cuatro meses después de ser presentada la denuncia y que en su lugar quedó Joaquín Espinosa, *el Guacho*, reconocido en Quintana Roo por su defensa de hombres como Mario Villanueva Madrid, ex gobernador del estado. *El Guacho* amenazó de muerte a los abogados Andrade y mandó golpear al joven Sidharta, en la lucha por recuperar propiedades de Succar Kuri, mientras éste sigue preso. La familia Andrade procedió legalmente, denunciando los hechos ante la PGR y, en tanto que Succar asegura que intentaron robarle sus propiedades, aprovechando que él estaba en prisión, los Andrade replican que eso es falso y que todo es una venganza de Succar porque ellos, al descubrir que les había mentido, renunciaron a su defensa.

Joaquín Espinosa tiene antecedentes de explotación sexual de mujeres. Fue propietario de un pequeño centro nocturno de bailarinas exóticas desnudistas llamado El Perico Marinero; allí tenía a jovencitas cubanas a las que, según ellas mismas, traía de manera ilegal y mantenía recluidas en una casa de seguridad, al estilo de los *dealers* de bailarinas de *table dance* en todo el mundo. Lo anterior fue declarado por algunas de estas chicas ante la prensa años atrás; poco tiempo después de la publicación del reportaje, el centro nocturno cerró sus puertas. Éste fue uno de los abogados de Succar Kuri en Cancún.

29. Siguen apareciendo víctimas

Gabriela, ahora de veintinueve años de edad, casada y con dos niños, asegura que fue víctima de Succar hace catorce años. Que la llevó una amiguita de la escuela, junto con otras ocho niñas. De esas ocho algunas se quedaron y fueron forzadas por Succar a llevar a otras niñas y niños. Ante la pregunta expresa de cuántos menores creen que Jean Succar y Gloria Pita llegaron a fotografiar y a forzar a tener sexo para grabar videos en esos tiempos, Gabriela, con los ojos arrasados de lágrimas, calcula que quizá se trate de cientos de criaturas.

Gabriela se niega a hablar con las autoridades; ahora es una mujer casada, vive en una bella casa de la zona hotelera de Cancún y sus padres, quienes pertenecen a la alta sociedad cancunense-yucateca, nunca supieron nada. Está convencida de que Succar es intocable. Luego de haber visto la tortura pública a la que la Procuraduría de Justicia sometió a Emma y las otras niñas y a sus mamás, ella se conforma con ir a consultar a su terapeuta a Mérida una vez al mes. Reza para olvidar y cuida a su hijo y a su hija de extraños y conocidos por igual. Según ella, nadie merece vivir lo que todas estas niñas y niños han pasado, pero el tema se considera tabú. Por eso ella rompió la tradición familiar y a sus criaturas les ha explicado lo que es el sexo y lo que es el abuso.

30. El juicio histórico

Cuando este libro fue a la imprenta por primera vez en febrero de 2005, Jean Succar Kuri seguía preso en Chandler, Arizona. El juez David K. Duncan fue el encargado de su juicio de extradición, bajo el expediente 04/M/6049. El abogado defensor de quien durante veinte años abusó de menores de edad, es Clark L. Derrick y pertenece al reconocido bufete de penalistas Kimerer & Derrick. Pero Succar estaba bien protegido. Al mismo tiempo, en San Diego, California, la afamada firma de abogados expertos en extradiciones Goldberg & Charles se encarga de intentar desacreditar las investigaciones de la PGR en México, aduciendo que el sujeto es inocente y todo es una trampa tendida por una jovencita ambiciosa y producto de la corrupción policiaca mexicana. Se sabe que desde prisión Succar logró llamar a Emma, quien vivía en la Ciudad de México.

En octubre de 2004, la joven explicó al personal del CIAM Cancún que Johny la buscó, que le aseguró que él saldría libre y que ella pagaría por su traición. Emma se escuchaba asustada y manifestó a su interlocutora que temía por su vida. Johny le ofreció que sus abogados la llevarían a San Diego para que declarara que todo era una mentira y que Leidy Campos había fabricado el delito. Se le explicó que eso sí era una mentira, que seguía siendo víctima de Succar, que había pruebas de todo y ya el tema había rebasado a Leidy Campos. Pero ella replicó que no, que Johny tenía amigos poderosos que no lo dejarían en prisión, que todo esto era una pesadilla y tal vez lo mejor era obedecerlo y pedirle perdón. Que si él se hundía se las llevaría a ella y a su mamá a prisión, porque podría comprobar que le arregló la casa a esta última. A pesar de que se le explicó que ésa es una de las estrategias de los pederastas para atrapar a sus víctimas y extorsionarlas, la joven no hizo caso.

—Tal vez lo mejor es que yo y mi familia nos protejamos y declaremos para que ya nos dejen en paz, ¡me van a volver loca, no sabes quiénes son ellos! —explotó antes de colgar el teléfono sumida en llanto.

Unos días después de esta conversación con Emma ya no se le pudo localizar en ningún teléfono de México. Desconocemos su paradero. Jean Succar sigue preso en Arizona y se espera su extradición para ser juzgado en México. Y uno de los tres hombres que, según Succar, es su protector y gran amigo, Miguel Ángel Yunes Linares, fue nombrado en enero de 2005, subsecretario de Seguridad Pública a nivel federal.

Con miras a que dieran su versión de los hechos, la autora solicitó por la vía oficial entrevistar tanto a Emilio

Gamboa Patrón como a Miguel Ángel Yunes Linares. La petición fue denegada debido a las ocupadas agendas de los funcionarios públicos.

Sin embargo, en enero de 2005 Felipe González, reportero del diario *El Universal*, logró una entrevista con Yunes Linares. En la misma, éste se muestra molesto, niega las acusaciones y asevera que los documentos en que las niñas lo mencionan son apócrifos.

31. La extradición: una batalla ganada

Existe una ley denominada Federal Protect Act, gracias a la cual cualquier ciudadano estadounidense, ya sea nacido, naturalizado, nacionalizado o residente (como lo es Succar Kuri), puede ser juzgado en apego a la ley de Estados Unidos por cometer el delito de abuso sexual infantil o de contratar turismo sexual con menores de edad. Durante los nueve años que esta ley ha estado en vigor, se ha encarcelado a una decena de sujetos.

Entre ellos se encuentra un hombre de cincuenta y cuatro años de edad, hijo del astronauta Walter Schirra, quien fue detenido por agentes federales en el aeropuerto de San Francisco cuando iba a abordar un avión hacia Tailandia, donde solicitó un paquete de turismo sexual con niños.

El caso más sonado y reciente es el del magnate financiero Thomas White, de San Francisco, a quien se detuvo en Tailandia por tener sexo con niños pequeños, y estuvo preso en Estados Unidos. White fue extraditado a México gracias al esfuerzo de las organizaciones civiles de Jalisco. Se le acusaba de haber abusado de varios niños de la calle para quienes abrió una casa hogar en Puerto Vallarta. White pasó diez años en prisión y murió en 2014 de neumonía, a los setenta y siete años, en un hospital de Vallarta.

El primer hombre convicto de conformidad con la ley contra el turismo sexual en Estados Unidos fue Marvin Hersh, profesor universitario de Florida, sentenciado en 2000 a ciento cinco años de prisión por abusar de cuatro niños en Honduras y llevar uno a su país.

Asimismo, John Seljan fue arrestado en octubre de 2003 cuando abordaba el avión hacia Filipinas para tener sexo prepagado por internet con dos niñas, una de nueve y otra de doce años de edad.

—Juzgar a Succar en Estados Unidos parecía posible, pero poco factible —dijo Laurel Fletcher, profesor de derechos humanos de la Universidad de Berkeley, California—. El juicio en Estados Unidos resulta muy costoso, pues hay que reunir evidencias, siguiendo los protocolos de las leyes de este país. Pero, antes que nada, el caso debe ser atraído por algún abogado o abogada estadounidense. Tuvieron que pasar siete años para que el impulso de la sociedad mexicana y un puñado de agentes, fiscales y jueces honestos lograran que Succar Kuri pagara por sus delitos.

Anochecía el miércoles 31 de agosto de 2011. Iba manejando el auto cuando recibí una llamada inesperada. La abogada Araceli Andrade, que forma parte del grupo de abogados contra Succar Kuri, me dijo que debía acudir a las oficinas de los juzgados federales en Cancún. El magistrado José Mata Oliva, quien llevaba el caso Succar, quería hablar conmigo en persona. Colgué y llamé a Lety, la jefa de seguridad de CIAM Cancún; alerté a mis abogados de Artículo 19, y organicé una movilización a los juzgados con mi amparo judicial en las manos. (Cada tanto tiempo mis abogados me sacan un amparo judicial para evitar que me arreste la policía de Cancún). "Podría ser una trampa y no estamos para sustos", me advirtió mi abogado.

Me identifiqué en el mostrador y pasaron unos minutos hasta que salió el secretario del juez para hacerme pasar. Entré a su oficina, me saludó con gran formalidad y me senté frente a su escritorio al lado de la abogada. Nunca lo había visto en persona. Hasta el momento sólo sabía que en él recayó la revisión del caso luego de que el 30 de marzo de 2011 el juez Gabriel García Lanz de Quintana Roo, en un acto de corrupción, se atrevió a condenar a Succar a tan solo 13 años de prisión por los delitos de pornografía infantil y corrupción de menores. Le impuso al multimillonario una multa por 85 837 pesos. Succar, envalentonado, apeló la sentencia, exigiendo que lo liberaran. Paralelamente, la defensa de las niñas representada por la fiscalía apeló esta sentencia y fue entonces cuando el expediente cayó en manos de este juez con buena fama de incorruptible. Yo lo escuché casi sin respirar.

—Ya puedo decírselo a usted porque hace unas horas Jean Succar Kuri y sus abogados recibieron la sentencia y están enterados.

—Dígame, señor juez —pregunté en un hilo de voz temiendo la exoneración.

—Debo decirle que revisé con cautela todas y cada una de las pruebas. Usted las conoce todas, ¿verdad? —asentí en silencio—. Nunca en mi carrera como magistrado había visto algo tan terrible como esos videos en que Succar y su esposa se graban a sí mismos preparando a esas pequeñitas de menos de ocho años para luego violarlas. Es inhumano.

—Lo sé —dije mirando a Araceli.

—La sentencia a la que tendrán acceso formal desde ya las víctimas, al igual que lo tuvo su victimario, es por ciento doce años, una multa económica de 527 174 pesos y debe pagar 320 000 pesos a cada una de sus víctimas como reparación del daño moral, con la finalidad de que puedan pagar sus terapias y sus estudios y los problemas de salud resultantes del trauma. Es decir, debe pagar dos y medio millones de pesos.

Araceli y yo nos tomamos de la mano, queríamos llorar pero no pudimos evitar sonreír. Una sonrisa acompañada de azoro y tranquilidad.

—Decidí sentenciarlo —siguió el juez—, por cada caso en particular, ya que la ley me lo permite, y por la gravedad de los delitos, basándome en la ley contra la pornografía infantil y trata de personas. Y aunque el artículo 25 del Código Penal Federal sólo acepta una pena máxima de sesenta años, quiero que las niñas y niños sepan que su valentía es reconocida por este tribunal y que los delitos están plenamente comprobados.

—¿Pero puede apelar esta sentencia? —pregunté temerosa de volver a la vorágine de los entuertos judiciales—. Tiene problemas de salud y sesenta y ocho años…

—En efecto, puede hacerlo y lo hará, pero la sentencia es firme y la evidencia sólida. El poder de este hombre le permitió que su defensa, a lo largo de todos estos años, le procurara un debido proceso. ¿Quiere llamar a las niñas? —preguntó cuando notó que tomaba mi celular en la mano con ansiedad.

Miré a mi celular, vino a mi mente la voz de Carmen, la pequeña que me llamó la mañana que perdimos en la Suprema Corte. Marqué y casi de inmediato respondió al teléfono. Le di la buena nueva. Contrario a lo que imaginaba, la chica guardó silencio primero y luego me dijo con tranquilidad:

—Ahora podemos seguir con nuestras vidas, él ya no va a abusar de más niñas.

—Sí —respondí impresionada con la madurez que luego de siete años de la pesadilla judicial esta chica había desarrollado. Recordé que cuando fue rescatada de la red de pornografía tenía apenas nueve años y casi no hablaba, además de sufrir de depresión severa.

—Gracias, Lydia —me dijo—, estoy emocionada, voy a colgar para avisarles a las otras.

—Sí —dije feliz.

Se sentía la emoción colectiva en el juzgado. Miré a hombres y mujeres jóvenes que trabajaban al lado de este juez ejemplar, que a pesar de los ofrecimientos de dinero y amenazas por este caso, nunca se doblegó.

Uno de los jóvenes que trabajaba en el juzgado llevaba mi libro *Los demonios del Edén* en sus manos, puso una pluma frente a mí y me pidió sonriente:

—¿Me lo dedica? Cuando yo estudiaba leyes en Puebla usted fue detenida, desde entonces me voy especializando en estos temas, las cosas tienen que cambiar en México.

Salimos y los medios ya esperaban afuera. Araceli y yo dijimos lo importante. La sentencia es histórica para Latinoamérica y para México. Ha quedado precedente contra la pornografía infantil y la trata de personas. Todavía hay tres expedientes abiertos por abusos a otras niñas y niños de la misma red comandada por Succar Kuri, no debemos olvidarlo.

Nos despedimos y manejé a casa. Llamé a mi familia para darles la buena nueva.

Así se siente ganar, pensé ya al lado de Jorge en la casa de Cancún. *Ésta es la tranquilidad, la paz que da la justicia, tan diferente a la desazón de la venganza.*

Una semana después recibí una llamada telefónica de un número desconocido. Esta vez estaba distraída y contenta. Un colega periodista irrumpió al otro lado del auricular.

—Lydia —dijo preocupado—, entiendo que estés contenta, pero no puedes olvidar que cuando fuiste llamada por el juez para testificar en contra de Succar, allí en la prisión de alta seguridad, frente a tus abogados y los jueces, te aseguró que si era sentenciado tú morirías, aunque fuera lo último que hiciera en su vida.

—Sí, lo sé —le respondí un poco hastiada de volver a beber el amargo sabor de la preocupación en mi saliva. Colgué no sin prometerle que me reuniría con mis abogados y mi asesor de seguridad, para determinar la severidad del peligro.

Mientras preparaba mis planes de seguridad una fuente de la agencia de Servicio de Control de Inmigración y Aduanas (ICE, por sus siglos en inglés) de los Estados Unidos que trabaja en la Ciudad de México me contactó para reunirnos. Creí que deseaba hablar respecto a mi investigación sobre la trata de mujeres o sobre mi nuevo libro, *Esclavas del poder*. Había muchos casos de norteamericanos y canadienses que viajaban a Playa del Carmen para tener sexo con menores. Pensé que tal vez estaba interesado en ese tema.

Me reuní con él en la Ciudad de México. Para mi sorpresa el tema no era la trata de personas y el tráfico de indocumentados, asuntos que traté con él durante mi entrevista del año anterior. Quería hacerme saber que fuentes de inteligencia habían detectado que los hijos y la esposa de Succar estaban de vuelta en Cancún, en las Villas Solymar. Que aunque Gloria Pita, esposa y cómplice del pederasta, seguía viviendo en su mansión de Los Ángeles, estaba con sus hijos en Cancún y una fuente mexicana les había comunicado que los Succar estaban buscando a un sicario entre policías corruptos para "un trabajito". El norteamericano pensó que tal vez ese "trabajito" sería contra mí y quería advertirme. Aunque de poco me servía su información sin pruebas, le agradecí la preocupación. Aun si tuviera pruebas, le dije, ya las autoridades me han dicho que no es delito amenazar, ni contratar a alguien. Si no hay armas y crimen no hay delito que perseguir, según el fiscal de la defensa a periodistas.

—Tal vez, señora Cacho —me dijo el agente—, pueda pedir a mi gobierno que reactive el caso contra la señora Pita; después de todo la evidencia está allí y no se sabe si la red siga operando en Estados Unidos, con niñas norteamericanas. Recuerde que en 2004 fue posible la captura de Succar, realizada por los agentes de U.S. Marshalls Service en Los Ángeles [Regional Fugitive Task Force], en cumplimiento a una orden de detención provisional con fines de extradición. ¿Y si lo consultan sus abogadas con la embajada en México? Éste es un caso de competencia binacional, señora, no es un problema mexicano. Tenemos cientos de muchachas mexicanas que son traficadas a mi país para explotarlas en burdeles clandestinos. Usted lo sabe.

Y lo sabía, pero el problema es mayúsculo. No había manera de seguir pagando abogados para llevar el caso a Los Ángeles. Además, para hacerlo necesitábamos el apoyo del gobierno del presidente Calderón que, ya sabíamos, estaba protegiendo a los cabecillas políticos de esta red. Debíamos llamar la atención del Departamento de Justicia estadounidense y comprobar que Succar hubiera puesto las cuentas bancarias a nombre de la esposa y los hijos y, si lográbamos demostrar la culpabilidad de ella (bastaría con los videos que el mismo juez de Estados Unidos vio y gracias a los cuales decidió extraditarlo a México), podríamos exigir una investigación y demostrar los vínculos entre las mafias de pornografía infantil, trata de personas y lavado de dinero de políticos y empresarios mexicanos. Kamel Nacif, protector de Succar, ya tenía antecedentes penales en Nevada, Estados Unidos, y se le había denegado la visa al país de Obama. Las cartas estaban sobre la mesa.

Unas semanas después de este suceso, tuve que salir de mi hogar, de emergencia, escoltada por la policía contra la delincuencia organizada, porque según un informe policial mexicano un sicario iba tras de mí para asesinarme. Pasé algunas semanas en Europa y ahora estoy de vuelta en casa. Hice lo que tantas veces he hecho y de seguro otras tantas haré, denuncié públicamente las amenazas, salí corriendo para resguardar mi vida y dar tiempo a que mis colegas y algunos policías honestos investigaran a los que me amenazaban. Mis abogados denunciaron los hechos por enésima vez. Lo importante es hacerles saber a los sicarios que sabemos dónde están, que tenemos videocámaras, alarmas y, en algunos casos, sus números telefónicos. Es una batalla sin cuartel en la que darse por vencida puede significar perder la vida. He sido testigo de la muerte de varios colegas periodistas. He hablado con jóvenes reporteros que no creían que las amenazas fueran a cumplirse, y semanas después fueron asesinados por negarse a denunciar, a moverse, a buscar pistas y nombres, correos electrónicos y probables responsables. Estamos en guerra, enfrentamos una batalla contra la libertad de expresión, contra los derechos humanos; es mejor ser cauteloso en extremo que perder la vida.

La organización de defensa de periodistas, Artículo 19, presentó su informe de investigación sobre agresiones a periodistas en México. En él demuestra que entre 2009 y 2011 los principales responsables de las agresiones a periodistas fueron sobre todo agentes estatales. Elementos de la Policía Estatal atacaron a setenta y siete periodistas. La Policía Federal agredió a seis periodistas, la Policía Municipal a siete y las Fuerzas armadas a cuarenta y uno. Es decir, las fuerzas de seguridad del Estado son responsables de la mitad de las agresiones a las y los comunicadores. Del total de las agresiones de 2009 a 2011, uno de cada tres abusos para silenciar periodistas fue responsabilidad de las fuerzas encargadas de guardar el orden. En ese sentido, el Estado policiaco también es enemigo de la libertad de expresión.

A la delincuencia organizada se atribuyen veinticuatro ataques con armas de fuego o explosivos en contra de medios de comunicación; doce de los veintisiete asesinatos a periodistas y colaboradores de medios, y dos de los cuatro casos de desaparición. En resumen, siete de cada diez agresiones graves provienen de la delincuencia organizada. Las y los periodistas estamos intentando documentar la realidad mexicana entre dos fuegos. El problema es que ambos nos apuntan a nosotras cuando señalamos la complicidad del Estado con las mafias. Sólo podemos confiar en nosotros mismos.

Un buen amigo reportero me buscó después de la presentación de ese informe. Me dijo algo que me dejó muda. "Mira, Lydia, *Los demonios del Edén* fue un parteaguas, tu valentía salvó a las niñas y logró poner en el mapa el tema de la pornografía infantil en México, pero por tu valentía ahora los políticos saben que detener a un buen periodista les puede salir caro. Por eso ahora directamente los matan."

Ignoro si esto es cierto, no hay forma de demostrarlo, ni tendría sentido hacerlo. Lo cierto es que llegando a casa después de esa bizarra conversación, me ocupé de acomodar mis libros. Tomé uno de Fernando Savater, el filósofo autor de *Ética para Amador*, que descubrí en mi adolescencia. Dice Savater…

No soy amigo de convertir la reflexión en lamento. Mi actitud, nada original desde los estoicos, es contraria a la queja: si lo que nos ofende o preocupa es remediable debemos poner manos a la obra, y si no lo es resulta ocioso deplorarlo, porque este mundo carece de libro de reclamaciones.

Me sentí más tranquila. Las y los sobrevivientes de Succar, en su mayoría están bien. Él obtuvo una sentencia histórica para América Latina, la gente habla y se rebela más y trabaja más contra el abuso infantil. Por tanto, mi trabajo en *Los demonios del Edén* no fue ocioso sino útil.

Epílogo

La corrupción e ineficacia de las autoridades son responsables de que miles de víctimas y testigos de delitos graves en este país prefieran guardar silencio, antes que enfrentarse a la torpe maquinaria de la policía judicial. El caso Succar es muestra fehaciente de ello. El testimonio de más de una veintena de mujeres y niñas que se acercaron a las organizaciones no gubernamentales, e incluso a periodistas, podría facilitar el encarcelamiento de delincuentes de la talla de Succar Kuri y las mafias que lo protegen.

Pero la estigmatización y revictimización sistemática de las y los denunciantes son ejemplares. Por consiguiente, los criminales aprovechan esta inseguridad y desconfianza como elemento de inhibición de las víctimas; en pocas palabras, como alimento de la impunidad.

Las incontables amenazas que recibieron las víctimas, al igual que las organizaciones no gubernamentales que las protegieron, fueron ignoradas por las autoridades. En ocasiones el desgaste por las amenazas entorpeció las acciones necesarias para lograr que las niñas testificaran. Como sucede en la mayoría de los casos, la falta de liderazgo, confianza y respuesta de las autoridades judiciales, y del mismo gobierno del estado, favoreció al delincuente y a su red de apoyo.

México apenas comienza a desarrollar reformas destinadas a proteger los derechos de las víctimas de delitos y tiene una deuda inmensa con las niñas, niños y jóvenes.

Uno de los factores fundamentales de la impunidad es la falta de una coordinación sistémica entre los eslabones de administración e impartición de justicia.

Edgardo Buscaglia, experto en prevención del delito, asegura que la policía preventiva mexicana no tiene un rol adecuado, no sólo porque la policía judicial no la reconoce, sino porque no está preparada para prevenir el delito. Los múltiples cuerpos policiacos (de Seguridad Pública, Judicial, PFP, AFI, etcétera) están desvinculados, mantienen guerras de poder territorial y siembran gran desconfianza en la ciudadanía.

—Si en realidad se pretende hacer cambios sustantivos en la impartición y administración de justicia —asegura Buscaglia—, es preciso desarrollar un sistema de inteligencia preventiva e investigadora. No es posible que una subdirectora de averiguaciones previas enfrente a una víctima con su agresor para arrancarle una confesión. Los cortocircuitos entre las diferentes policías mexicanas fomentan y facilitan la impunidad. Son varios los factores que fortalecen la relación entre el crimen organizado y la corrupción en el sistema judicial; está comprobado que en los países que bajan sus tasas de delincuencia, hay un mayor acercamiento de la justicia con la sociedad. Sabemos que hay grandes abusos de discrecionalidad delictiva, en esencia porque se utilizan criterios contradictorios entre un caso y otro, como lo admiten los propios agentes de la AFI que investigaban el caso Succar.

De acuerdo con Eduardo Buscaglia, de los casos recibidos por el Ministerio Público en México, noventa y siete por ciento muestra dilaciones indebidas. Una manera de combatir la discrecionalidad y la corrupción en los ministerios públicos es llevar a cabo una investigación patrimonial de las y los funcionarios, con el fin de medir los nexos de la delincuencia organizada, la policía y las fiscalías.

—La policía preventiva —dice el especialista— debe aplicar operativos de "ventanas rotas"; esto es, que el sistema reaccione eficazmente en "delitos menores", como la violencia doméstica, porque es allí donde se observa mayor impunidad.

Además de precisar capacitación con perspectiva de género para combatir el sexismo policiaco, se debe desarrollar un sistema de imparcialidad objetiva, en el que haya dos jueces, una o uno que controle las garantías de la víctima y otro que sea sentenciador. Así se combate la corrupción.

Si bien el sexismo y la misoginia son aspectos culturales que lleva mucho tiempo desarraigar, algunas especialistas aseveran que se pueden y deben establecer criterios objetivos de atención a víctimas de delitos de abuso y explotación sexual y todos los relacionados con el uso y abuso general del poder, que contaminan los procesos. Las constantes creaciones de "culpables falsos" de las procuradurías de justicia del país, como en el caso de las muertas de Ciudad Juárez, fortalecen a la delincuencia y son medidas políticas en extremo dañinas a largo plazo. México sigue sin utilizar recursos científicos como el estudio del ADN en sus investigaciones de diversos crímenes, entre ellos el abuso sexual, la violación y la violencia doméstica. Se recurre aún a criterios anacrónicos, meramente visuales, basados en el conocimiento (o desconocimiento) individual de quien valora a las víctimas. Hay un abuso de discrecionalidad latente por parte de los jueces con respecto a las pruebas, en particular en delitos de naturaleza sexual y con niños y niñas. Además, en la mayoría de los casos no se practican análisis técnicos de los expedientes para valorar las evidencias.

—México —opina Edgardo Buscaglia— es considerado por varios especialistas de prevención del delito de las Naciones Unidas como uno de tantos países donde la delincuencia y la impunidad son alimentadas por la falta de institucionalidad policiaca, donde el valor de la vida, de la ciudadanía y del Estado se deprecian cada día más.

Desde 1995, cuando se celebró la Conferencia de la Mujer en Pekín, se lograron acuerdos internacionales para la prevención y erradicación de todas las formas de violencia contra las mujeres. La pornografía infantil, el abuso sexual, la violación y la explotación sexual involucrados en el caso Succar son muestra de que nuestro país dista de cumplir con los acuerdos signados con bombo y platillo por cuatro presidentes de la República: Ernesto Zedillo, Vicente Fox, Felipe Calderón y Enrique Peña Nieto.

Aunque el tema es complejo y en él no aplica el reduccionismo, dado el número de víctimas y los personajes políticos involucrados, lo que sucedió con este caso, y en la actualidad sigue sucediendo, da cuenta de la verdadera postura del Estado mexicano ante la explotación y el turismo sexual infantil evidenciado en este paraíso económico de la nación: Cancún, Quintana Roo.

El juicio de extradición fue una forma de tortura para muchas víctimas que hablaron y vivieron con temor por su vida durante casi una década. Mirándolas a los ojos, luchando por mantener la serenidad, durante años escuché sus tragedias personales, sus miedos y pesadillas. Sé que muchas más se mantendrán en silencio por miedo a la humillación y al desprecio de los suyos, por miedo a ser maltratadas por las autoridades judiciales. Gracias a la valentía de quienes me contaron su historia, dibujamos un mapa de la infamia, pero también de la fortaleza. Ellas también saben que los familiares cercanos de Jean Succar, que han lanzado amenazas, al igual que algunos de sus protectores, no se quedarán quietos. El crimen organizado difícilmente perdona a las y los esclavos que se le rebelan.

En tanto el México de "los niños y las niñas" no establezca políticas públicas de equidad efectivas y renueve el sistema judicial, cientos de niñas mexicanas son y seguirán siendo torturadas, violadas y entrenadas por hombres de poder para venderlas, fotografiarlas y prepararlas con miras a convertirlas en bailarinas de *table dance*, en prostitutas, en actrices de cine porno, ése que se vende en los hoteles de cinco estrellas, protegido bajo la suave mano de la ley.

A fines de 2014 se aprobó la reforma a la Ley General de los Derechos de niñas, niños y jóvenes impulsada por la Red por los Derechos de la Infancia en México (REDIM) y un pequeño grupo de legisladoras y legisladores comprometidos.

Hoy día en México aproximadamente cuarenta millones de niños, niñas y adolescentes; es decir, 35.7 por ciento de la población, tiene menos de dieciocho años. Aun con los grandes esfuerzos de las familias mexicanas cinco de cada diez niños y niñas viven en pobreza —aproximadamente veintiún millones—; de ellos, 4.7 millones sobreviven en pobreza extrema. Ocho de cada diez niñas y niños indígenas son pobres desde su nacimiento. En este contexto de carencias, más de tres millones de niñas y niños trabajan y hay 6.5 millones de adolescentes y jóvenes fuera de la escuela; su vulnerabilidad y pauperización ha causado que México sea un paraíso para la explotación sexual infantil —uno de los cinco países con mayor pornografía infantil y con más de treinta mil adolescentes reclutados por el crimen organizado, que les ofrece lo que para muchos parece ser la única salida. En este escenario tan complejo el Estado mexicano sólo invierte seis por ciento de producto interno bruto (PIB) para su infancia, y de esto, menos del uno por ciento para protección especial.

En el Reino Unido aproximadamente cincuenta por ciento de las mujeres en la industria del sexo comercial fueron prostituidas por un adulto antes de cumplir dieciocho años. En los Estados Unidos y México el promedio de edad en que las mujeres entran a la prostitución es de entre trece a catorce años, la inmensa mayoría son explotados por una persona adulta. No hay suficientes cifras, y es indispensable analizarlas, sobre los niños varones y la explotación sexual gay y transexual.

La ley estatal de Florida, escrita por Margaret Baldwin, reconoce que "la coerción para la prostitución existe en el momento en que las necesidades humanas de afecto y protección de niñas y niños es explotada por terceros".

Todas las personas en la industria del sexo tienen alguna historia de infancia que las marcó respecto a su autoimagen, a su cuerpo, su psicoerotismo y sus necesidades afectivas. He escuchado cientos de historias a lo largo de quince años; estoy convencida de que no podemos seguir hablando de violencia sexual en el vacío. Tenemos forzosamente que volver a la primera infancia. El abandono, los malos tratos, la situación de calle, la migración por expulsión, la violencia sexual previa en la infancia son factores de vulnerabilidad para ser cooptado o cooptada por redes de tratantes. Esta no es una discusión en el vacío, ni un argumento de pánico moral; es un hecho documentado, son los rostros, las vidas de miles de niñas y niños con voz y con derechos conculcados por el cinismo y la ignorancia.

Hemos de tener cuidado con lo que las personas adultas avalamos. Uno de los principales argumentos de quienes promovieron la legalización de la prostitución en Holanda, era que erradicaría la explotación sexual comercial infantil. Pero a partir de 1990, fecha en que fue legalizada, la explotación de niñas para la prostitución aumentó un trescientos por ciento según End Child Prostitution, Child Pornography and Trafficking of Children for Sexual Purposes (Ecpat), la organización por los derechos de la infancia. Quienes nos hemos adentrado en las redes criminales de internet sabemos el peligro que enfrentan las nuevas generaciones para normalizar la esclavitud y la violencia sofisticada. Es nuestra tarea decir la verdad, documentarla y debatir hacia dónde vamos y cómo protegemos a nuestros hijos, hijas, nietos y nietas de la oleada de abusos que enfrentan sin herramientas, sin suficientes escudos y conocimiento.

Conclusiones

De acuerdo con la propuesta legislativa de 2015, la Red por los Derechos de niñas, niños y adolescentes en México (REDIM, antes Infancia), la infancia debe considerarse un sector estratégico del desarrollo social. Bajo esta idea se requiere que se etiquete en específico el presupuesto que se empleará para la defensa y garantía de sus derechos.

CARACTERÍSTICAS INSTITUCIONALES DE ATENCIÓN A LA INFANCIA EN MÉXICO EN 2015

- La atención a niñas, niños y adolescentes es considerada como un tema de asistencia atribuido al sistema de Desarrollo Integral de la Familia (DIF).
- La atención que destinan las autoridades de asistencia; así como las de procuración e impartición de justicia

son de forma accesoria a los asuntos familiares (el "niño" considerado como propiedad de la familia).

- El sistema DIF se enfoca no sólo en la infancia, sino que atiende a varios de los llamados "grupos vulnerables".

No se cuenta con un sistema integral de protección a la infancia

Por eso todas las organizaciones que trabajan con niñas, niños y adolescentes en la REDIM plantean:

- Incluir la política de infancia dentro de los anexos del presupuesto transversal establecidos en la fracción III Bis del artículo 2 de la Ley Federal de Presupuesto y Responsabilidad Hacendaria.
- Que en el presupuesto etiquetado para la protección y garantías de los derechos de la infancia queden de manera desagregada los conceptos de los diversos gastos y que no sólo se mencionen de manera general.
- Propuestas del órgano rector de la política pública en materia de infancia.
- Un órgano autónomo constitucional.
- Un organismo descentralizado derivado de Desarrollo Social.
- Una secretaría de Estado de los derechos de la infancia.
- Un órgano que diseñe, coordine y evalúe la política pública que realicen los distintos entes de gobierno en materia de infancia; tendría que tener autonomía y poder de gestión intersecretarial para proponer un Programa Nacional de Infancia y coordinar las acciones de las diferentes secretarías para su ejecución.

- Organismo constitucional autónomo.
- Una visitaduría dentro de las comisiones de derechos humanos.
- Restructuración de las procuradurías de la defensa del menor y la familia del DIF.
- Una defensoría de los derechos de la infancia tendría que ser un órgano autónomo que pudiera ser independiente en la gestión técnica y política, para realizar funciones de denuncia, representación y defensa de los niños y niñas que han sufrido violación a sus derechos.
- Crear un Sistema Integral de Protección de los Derechos de la Infancia, que incluya:
  Sistema social (políticas públicas de atención y garantía de derechos).
  Sistema judicial (procuración e impartición de justicia).
  Sistema legal (armonización legislativa a favor de los derechos de la infancia).

Hoy en día la mayoría de las personas adultas hacen comentarios como "cuando era niño mis padres me pegaban si desobedecía y no me pasó nada", o "la disciplina ya no existe porque los padres temen que los acusen de maltratadores". Sin duda la situación de las personas no adultas puede cambiar de manera radical si el Estado se suma no sólo a la reciente aprobación (2015) de la Ley General de Derechos de Niñas, Niños y Adolescentes, además debe comprometerse a la aplicación de recursos y la modernización de los sistemas de desarrollo social para que éstos dejen de trabajar desde una perspectiva adultocéntrica y adultocrática. Tal vez, si seguimos por este camino, algún día no haya una sola persona que justifique las violencias como métodos de control sustitutivos de una verdadera pedagogía amorosa que resulte en niñas y niños con ética, empatía y fortaleza.

Hay historias que casi nunca conocemos, aquellas que suceden una vez que cerramos el libro. El juez que sentenció a Succar Kuri, a pesar de las amenazas y el intento de forzar tráfico de influencias contra su argumentación jurídica, ha recibido desde entonces llamadas de otros jueces que le hacen preguntas sobre sus criterios para sentenciar diferenciadamente a cada niña y niño. Él sentó un precedente, lo cual significa que ha demostrado en el ámbito de impartición de justicia que la ley sí tiene caminos para proteger a las víctimas de explotación sexual infantil y juvenil. Este juicio se ha convertido en un ejemplo utilizado por estudiantes de Derecho de diversas universidades de América Latina; conozco al menos un centenar de tesis de licenciatura, maestría y doctorado centradas en el caso Succar Kuri.

En efecto, no todos los implicados en este caso, ya mundialmente famoso, están en prisión; sin embargo, sus vidas han quedado tocadas por la valentía de las víctimas que los señalaron, por el buen periodismo que los investigó, por la acción ciudadana que no les dejó negar la verdad. Sus vidas han quedado, según ellos mismos, fracturadas por este libro, por haber ganado este caso. Estos son sólo unos pasos hacia la utopía. La sonrisa y salud de las niñas sobrevivientes que veo diez años después me recuerdan que todo ha valido la pena, que perseguir la utopía de un mundo en que las niñas y los niños no sean objetos sino sujetos con derecho a una vida libre, saludable y feliz es nuestra tarea y nadie tiene derecho a darse por vencido hasta que la violencia sea la excepción y no la regla.

Y dónde quedaron ellos en 2015

MARIO MARÍN. Terminó su sexenio como gobernador de Puebla y logró evadir a las autoridades, gracias al apoyo político de su partido, el PRI. Es abucheado en eventos y lugares públicos en todo el país. En enero de 2011 anunció que buscaría un escaño del Senado, pero el escándalo fuera y dentro de su partido lo impidió. En octubre de 2014, mientras se presentaba el "Caso de tortura de Lydia Cacho" ante el Comité de Derechos Humanos de la ONU en Ginebra, Suiza, Marín fue recibido con aplausos en la sesión general del PRI, reunida a fin de repartir candidaturas para las elecciones de junio de 2015; se daba por hecho que obtendría un escaño en el Senado y, por tanto, de nuevo gozaría de fuero constitucional que lo protegería de acciones penales en su contra. Cuando la noticia de que este caso individual fue bien recibido por la ONUDH como el más significativo y primero en su tipo, el PRI local decidió retirar a Marín de la contienda. Marín recordó a la prensa que en 2005 él estaba seguro de que se convertiría en el próximo presidente de México, el "Benito Juárez moderno", y culpa a Lydia Cacho del derrumbe de su carrera política. La autora le ha respondido públicamente que el único responsable es él y sus actos delictivos. No es culpable quien evidencia los crímenes cometidos por políticos; responsables ante la ley deben ser aquellos que llevan a cabo actos ilegales como la tortura.

Los policías torturadores. En 2012, un juez de Quintana Roo determinó que a pesar de que sí existen los elementos legales para demostrar que la periodista Lydia Cacho fue torturada y su vida corrió peligro por ello, este delito era del orden federal y no podría ser juzgado por él. A raíz de la presentación del caso en Ginebra, la PGR giró la orden de aprehensión contra los torturadores el 14 de diciembre de 2014, justamente nueve años después de la tortura. El comandante José Montaño Quiroz fue arrestado en Puebla y trasladado a la cárcel municipal de Cancún, su compañero sigue prófugo. El martes 21 de abril de 2015, Lydia Cacho estuvo en el juzgado durante seis horas respondiendo preguntas del abogado de Montaño para exigir que demostrara que fue torturada. El juez determinó que se llevará a cabo un nuevo careo entre el acusado y la periodista. De ser sentenciado por tortura recibirá una pena máxima de cuatro años de prisión. Lydia recordó ante el juez que al entregarla en la prisión de Puebla, Montaño le advirtió que si ella declaraba en su contra la mandaría matar aunque fuera lo último que hiciera. En agosto 2015 Jaime Alberto Ongay, el policía judicial que orquestó el aislamiento y secuestro legal de Cacho, fue nombrado jefe de la policía en Cancún por el gobernador Roberto Borge. Esto a pesar de que Ongay fue señalado por la SCJN como uno de los operadores principales en la violación de los derechos de la autora en Quintana Roo.

JEAN SUCCAR KURI. Purga una condena de ciento doce años. Originalmente recibió una sentencia de trece años, apeló y perdió. Fue trasladado al penal del Altiplano, la cárcel de más alta seguridad de México. Es la primera sentencia en México por pornografía infantil y explotación sexual de menores. La sentencia exige que las víctimas reciban reparación económica como parte del resarcimiento del daño, sin embargo la PGR/Fevimtra, responsable de que se entregue el dinero a las víctimas, se ha negado a ejecutar la orden a pesar de que el gobierno mexicano tiene congeladas varias cuentas bancarias millonarias de Succar Kuri. Su esposa e hijos viven en California, Estados Unidos. La cónyuge aún tiene un caso pendiente por complicidad en el abuso de las niñas; la PGR se rehúsa a darle seguimiento.

KAMEL NACIF. Sigue operando sus negocios de maquiladoras en México, América Latina y el sureste asiático. El gobierno de los Estados Unidos le negó la visa de entrada por sus antecedentes penales, pero es dueño mayoritario de la compañía estadounidense Tarrant Apparel Group, con oficinas y maquiladoras en China, Tailandia, Corea, Nueva York y Los Ángeles. Sigue jugando en casinos de todo el mundo y mantiene una relación cercana con políticos poderosos. Su mala fama le antecede y por ella ha perdido, según su propio testimonio, miles de millones de dólares por negocios cerrados luego de que se evidenciara su vínculo con Succar Kuri. En una de las llamadas telefónicas que circuló en prestigiados medios mexicanos, europeos y norteamericanos, Nacif le pide a Succar que le traiga una niña virgen desde Miami, al preguntar cuánto le costará, el otro le responde que tres mil dólares además del costo de los trámites (pasaporte, etcétera).

IRMA DE NACIF. Luego de sobrevivir una relación plagada de violencia con amenazas de muerte y de grabar las llamadas telefónicas de su esposo, logró divorciarse y vive feliz en otro país.

EMILIO GAMBOA PATRÓN. Al terminar su periodo como legislador se convirtió en el líder de la Confederación Nacional de Organizaciones Populares (CNOP), una agrupación sindical de su partido, el PRI. Confió en que su candidato Enrique Peña Nieto ganaría las elecciones presidenciales de 2012 y así quedaría libre de cualquier causa penal. Su expediente sigue abierto, guardado en algún cajón de la PGR. Actualmente es senador de la República (2012-2018) y líder parlamentario de su partido.

MIGUEL ÁNGEL YUNES LINARES. Se lanzó en campaña para gobernador de Veracruz, su estado natal, por el PAN —partido del ex presidente Felipe Calderón—, aunque durante muchos años fue priísta. Su campaña fue un fracaso. La gente le gritaba que era un pedófilo y no debía gobernarlos. Por el momento sigue buscando puestos de elección popular. Su amenaza de muerte contra el editor de Random House México nunca llegó a juicio.

José Luis Santiago Vasconcelos. El funcionario de la Subprocuraduría de Investigación Especializada en Delincuencia Organizada murió el 4 de noviembre de 2008 en un accidente aéreo cuyos orígenes aún no han sido plenamente revelados.

Juan Silva Meza. Juez de la Suprema Corte de Justicia de la Nación (scjn) publicó en coautoría con otros tres jueces del tribunal supremo el libro *Las costumbres del poder: el caso Lydia Cacho*, en el cual explica la evidencia sobre el caso y da la razón a la periodista. Fue designado como presidente de la scjn para el periodo de enero de 2011 a diciembre de 2014.

Leidy Campos. Luego de los enredos en el caso Succar, se descubrió que ella, junto con la hoy prófuga Patricia Seoane, era partícipe de una organización cristiana denominada La Casita, que se apropiaba de niñas y niños maltratados que fueron "rescatados" por el dif de Cancún. La periodista Sanjuana Martínez evidenció un caso vinculado, pero con La Casita del Distrito Federal; la organización daba en adopción ilegal a menores cuyos padres y madres no habían perdido la patria potestad. Campos fue encarcelada en Quintana Roo y terminó negociando su libertad con el gobernador del estado. Ambos personajes son muestra fiel de la ausencia de responsabilidad gubernamental en la protección integral de niñas y niños, y la perversión de organizaciones religiosas que cometen actos ilegales en aras de supuestamente defender los derechos de la infancia.

EMMA. Luego de volver a unirse a Succar Kuri y Kamel Nacif para interponer una demanda civil en contra de Lydia Cacho, buscó a la periodista para pedirle perdón a través de un correo electrónico y una llamada telefónica. Comenzó a escribir un libro sobre su vida, grabó un disco de baladas y desapareció de la escena pública. Succar Kuri asegura que él pagó medio millón de dólares para que retirara los cargos en su contra. En 2014, un abogado colombiano le reveló a Lydia Cacho que Emma lo había buscado a fin de llevar su caso a las cortes internacionales, con el objetivo de cobrarle regalías a la periodista por "haber contado su vida privada"; en la conversación con el abogado la joven defendió a Succar Kuri diciendo que no había sido tan malo con las niñas.

LAS OTRAS NIÑAS Y NIÑOS. Después de seis años de terapia y cuidados, nueve niñas y tres niños están en la escuela, progresando. Algunas se mudaron con sus familias a otros estados de la República y fueron contactadas por Lydia Cacho en septiembre de 2011 para hacerles saber de la sentencia. Una de ellas, que fue abusada desde los cuatro años, dijo: "Ahora sí, podemos vivir en paz, porque nunca tocará a otra niña". Cuatro de las adolescentes que fueron explotadas para hacer pornografía desde los quince años, siguen en el negocio del sexo comercial, dos de ellas en Las Vegas. Nunca se supo más sobre las más de ciento sesenta niñas que aparecen en las fotografías y los videos de Succar Kuri. En una grabación, el pederasta admite que la niña de El Salvador está muerta por haber hablado de más.

LYDIA CACHO. Presidió el Refugio CIAM Cancún A. C. hasta 2011, cuando se retiró para que la nueva generación de activistas renovara la misión y el trabajo de la organización. Creó la campaña educativa "Yo no estoy en venta", con la que se han capacitado a diez mil estudiantes, que a su vez, capacitan a sus pares para comprender y prevenir la trata de personas. Es creadora del programa "Educación para la paz: negociar el conflicto y comprender las raíces de la violencia". Junto con sus abogados de la organización Article 19 mantiene su caso ante la ONUDH en Ginebra, con grandes avances durante 2015. Lydia imparte conferencias y talleres para adolescentes y adultos en todo el mundo, ha recibido cuarenta y ocho premios de periodismo y derechos humanos, entre ellos algunos de los más prestigiados del mundo. Pertenece a consejos consultivos de diversas organizaciones internacionales, como Chime For Change —en la que también participa Salma Hayek—, dedicada a proteger a las niñas del mundo. También es miembro del consejo de la Casa Refugio Citlaltépetl perteneciente a la red de ciudades refugio International Cities of Refuge Network (ICORN). De sus diez libros, varios se han traducido y vendido en más de veinticinco países. *Los demonios del Edén* se ha convertido en un referente periodístico internacional y es leído por estudiantes de diversas universidades, a fin de analizar el tema de la pornografía infantil, la defensa de los derechos humanos de niñas, niños y adolescentes, así como el periodismo con perspectiva de género. Sus artículos periodísticos se divulgan en diversos diarios mexicanos y extranjeros. En 2015 publicará su primer cuento infantil. Lydia aún recibe amenazas de muerte por su trabajo, pero está convencida de la importancia del periodismo como una linterna para iluminar el mundo, como una herramienta de la democracia y la libertad informativa.

México. A partir de la marcha más grande nunca antes vista en el estado de Puebla, así como una serie de demostraciones públicas en todo el país, en que la sociedad se rebeló contra las redes de poder que protegen la pornografía infantil y defendió a Lydia Cacho, muchas cosas han cambiado. La sociedad civil comenzó a escuchar con mayor interés a las organizaciones por los derechos de la infancia; los medios de comunicación empezaron a cubrir los casos de abuso sexual infantil, ya no como hechos aislados sino como comportamientos reiterados, culturalmente avalados y silenciados durante siglos. Se crearon leyes contra la pornografía infantil integrada al delito de trata de personas; se abrieron en diferentes estados organizaciones civiles de madres y padres preocupados por la defensa de niñas y niños abusados.

La Secretaría de Educación Pública (SEP) creó manuales para la detección del abuso infantil en las escuelas; en 2006 casi nadie mencionaba la pornografía infantil y su papel en redes sociales e internet, en 2015 buena parte de las y los usuarios de redes se rebelan contra este delito y lo denuncian ante las policías cibernéticas.

En diciembre de 2014 se aprobó la nueva Ley General de Derechos de Niñas, Niños y Adolescentes, gracias al esfuerzo de las organizaciones unidas en la Red por los Derechos de la Infancia en México, así como de intelectuales, periodistas y académicas que las respaldaron para reconocer los derechos de quienes aún no llegan a la mayoría de edad como sujetos de derecho pleno, y no como objetos sin voz ni respeto. Luego de casi una década en que los hombres víctimas de pederastia clerical acusaron a Marcial Maciel, líder de los Legionarios de Cristo, de actos de violación sexual de niños, en 2015 el nuevo pontífice Francisco expresó desde el Vaticano "que se siente obligado a responsabilizarse por los abusos que han ocurrido al interior de la Iglesia en contra de la infancia". Ha exigido también que los sacerdotes pedófilos sean juzgados por la ley civil y que ninguna iglesia los proteja; alentó a las víctimas y a las y los periodistas a seguir denunciando las atrocidades hasta que dejen de existir.

En abril de 2005, cuando esta denuncia de Lydia Cacho demostró cómo y por qué el poder político protege a las redes de pornografía infantil y trata de niñas y niños, la mayoría de la gente se preguntaba qué era ese fenómeno llamado ciberpornografía; la mayoría pensaba que era un fenómeno aislado, culpaba a las víctimas o a sus padres o madres. Hoy, diez años después, buena parte de la sociedad entiende que son los agresores y sus cómplices los culpables de este delito que fractura la personalidad de niñas, niños y jóvenes, y que viola todos sus derechos; que afecta su psicoerotismo arrebatándoles de manera parcial la posibilidad de una vida segura, plena, sana y feliz.

Está claro que Lydia Cacho no es la única especialista en denunciar estas redes; sin embargo, la aparición de este libro, del documental con el mismo nombre y los hechos dramáticos que resultaron de la venganza en su contra, así como la perseverancia y valentía de la autora, ayudaron a poner en la agenda pública uno de los delitos más dañinos y ocultos de la humanidad: la colonización de los cuerpos y la dignidad de niños, niñas y adolescentes avalados silenciosamente por una cultura adultocéntrica y adultocrática. Como ha dicho la periodista Carmen Aristegui: "*Los demonios del Edén, el poder que protege a la pornografía infantil* marcó un hito en la forma en que vemos y hablamos de la explotación sexual de niñas, niños y jóvenes en México y Latinoamérica, es prueba fiel de la pertinencia social y el efecto positivo que puede tener el buen periodismo".

El elefante

Cuenta la historia que un niño pequeño caminaba con su padre por el traspatio del circo. El pequeño miró azorado a un gran elefante que se mantenía inamovible, atado a una pequeñísima estaca que le unía la pata a una cadena, comparativamente diminuta al tamaño del paquidermo.

—¿Por qué es tan estúpido el elefante, papá? —preguntó el pequeño—. ¿Cómo es posible que no se dé cuenta de que él es mucho más fuerte que esa cadena y la débil estaca?

El padre le respondió:

—Cuando capturaron a este elefante, era pequeñito y confiaba en quien se le acercara con ternura; así lo encadenaron por primera vez, cuando las dimensiones de la cadena y de la estaca eran mayores para él. Al principio, al verse atrapado intentó zafarse, pues sufría; de inmediato su entrenador lo golpeó y apretó más el grillete a su pata. Cuando el pequeño volvió a intentar liberarse, su tobillo sangró, provocándole un gran dolor, además de recibir una tunda. Fue creciendo y de nuevo intentó liberarse, al sentirse sofocado y atado a los deseos de su entrenador; y es que quería ser libre como los elefantes de la estepa africana o los de la India. Esta vez el entrenador lo castigó con una vara de toques eléctricos que casi le provocan un desmayo. Así siguió el elefante intentando liberarse, mirando a la gente que pasaba sin soltarle la cadena, que ignoraba su dolor. Y un terrible día, hijo mío, el elefante entendió que no tenía salida, que, hiciera lo que fuera, siempre sería castigado por añorar su justa libertad y fue así que dejó de luchar por ella, asumiendo su realidad como la única posible.

Esta historia popular, narrada por el terapeuta Jorge Bucay, ilustra a la perfección el Síndrome de Estocolmo y el Síndrome de Estrés Postraumático que viven las víctimas de violencia y abuso sexual.

Tal vez nos ayude a imaginar lo que sienten las niñas y los niños víctimas de pederastas como Jean Succar Kuri. Sin importar su edad, quienes han crecido en el abuso y la violencia en una sociedad a la que poco le importa el dolor ajeno, un terrible día comprenden que ésa es la realidad que les tocó vivir. Hagan lo que hagan, alguien siempre las encontrará culpables de ser víctimas.

Está demostrado que cuando una víctima recibe ayuda profesional a tiempo, cuando la justicia reconoce públicamente que se cometió un delito en su contra y a la vez que su entorno y los medios de comunicación lo protegen y ayudan a sanar sin estigmatizarlo, su vida mejora y es capaz de convertirse en sobreviviente para dejar atrás su condición de víctima. De allí que una sociedad unida a favor de los derechos humanos se convierte naturalmente en una comunidad de protección y sanación para niñas, niños y jóvenes.

Índice onomástico

ABC 186
Acacio, Verónica 30, 51-53, 65, 66, 75, 77, 79, 81, 113, 126, 208
Achach, Magaly de Ayuso 84, 144, 147-148, 149
Adult Video News 181
Aerocaribe 38
Aerocozumel 38
Aeropuertos y Servicios Auxiliares 48
Agencia Federal de Investigación (AFI) 15, 65, 66, 89, 95, 109, 138-142, 155-157, 166, 167, 169, 170, 174, 186, 193, 197, 234
Agencia Antidrogas de Estados Unidos (DEA) 167, 169, 176

Fondo de Desarrollo de las Naciones Unidas para la Mujer (Unifem) 212
Agencia de Migración de Estados Unidos 108
Agencia Proceso APRO 90, 167, 169
Asociación de Hoteles de Quintana Roo 91
Aldavero, José 172, 173
Almoloya de Juárez 41, 88, 111
Andrade, Araceli 223
Andrade, Gabino 68, 111, 215
Andrade, Sidharta 68, 103, 215
Andrade, Edmar 108, 109
Andrade (familia) 111, 115, 215
Anglen, Robert 107

Argüelles Mandujano,
Francisco, *el Rayo* 135, 142
Arias Páez, Paulina 52, 65, 98,
112, 113
Arizona Republic 107
Arnaiz, capitán 168
Arriaga Salvador, Sandra Luz
154
AT&T 186
AT&T Broadband 186
AT&T Broadcasting 179
Auerbach, Pollak & Richardson
179
Ávila, Ángel 152
Ayuso Borges, José, *el Chel, el
Primer Caballero* 147, 148,
149

Barqui Zinno, Jack 155
Barrio, Francisco 88, 89
Baudelaire, Charles 208
Becharré, Líbano 44
Berdón Toledo, Eduardo 168
Boyd, Dean 106
Bravo, Ignacio A. 37
Brisas (condominio) 67
Bryant, Jennings 198
Bucay, Jorge 258
Buscaglia, Edgardo 234-236

C. Wright Mills Award 189
Cabal Peniche, Carlos 173
Cabarcas, Rosa 203
Cabral Amieva, Víctor 172, 173
Caesar's Palace 49, 175, 176

Callejo, Antonio 90
Cámara de Diputados 21, 101
Campos, Leidy Vera 55, 65, 66,
74-78, 81-83, 96, 98, 102, 103,
111, 128, 134-136, 139, 141,
142, 149, 157, 160, 220, 251
Cárdenas, Cuauhtémoc 191
Careaga Villesid, Lorena, 38,
40, 42
Carrillo Fuentes, Amado 168
Castillo, Patricia 30, 78, 79
Cemex 172
Centro Integral de Atención a
las Mujeres (CIAM) 13, 53, 77,
79, 98, 220, 224, 252
Check, James 198, 199
Chirinos Calero, Patricio 167-
169
Clark, John 109
Clinton, Bill 191
Coldwell, Pedro Joaquín 38
Colegio la Salle de Cancún 112
Comisión de Acceso a la
Información Pública Estatal
193
Compañía Mexicana de
Aviación 38
Comprometidos por Nuevo
León 193
Condhotel Dunas 173, 174
Contraloría Municipal 145
Partido Convergencia 149
Confederación Patronal de
la República Mexicanca
(Coparmex) 89

Dady'O 114
De la Madrid, Miguel 86
Derrick, Clark L. 219
Desde el café 86
Díaz, Félix 66
Díaz, Porfirio 37, 38, 45
Desarrollo Integral de la
  Familia (DIF) 34, 35, 70-72,
  98, 128, 145, 147, 148, 151,
  163, 207, 241-243, 249, 251
Duncan, David K. 219
Durazo, Arturo, *el Negro* 88

Echeverría Álvarez, Luis 87
Echeverría Tun, Víctor Manuel
  140
Ek Méndez, Eunice Beatriz 155,
  156
El Corán 192
El Financiero 173
El Norte 193
El Perico Marinero 215
*El rompecabezas: anatomía del
  maltratador* (Miguel Lorente
  Acosta) 191
*El trauma secreto: el incesto
  en la vida de niñas y mujeres*
  (Dianne Russel) 196
El Universal 170, 221
Escobar, Patricia 202
Espinosa, Joaquín, *el Guacho*
  111, 170, 215

Federal Bureau of Investigation
  (FBI) 25, 176, 181

Fixed Base Operations (FBO)
  176
Federal Protect Act 222
Fernández de Cevallos, Diego
  191
Fletcher, Laurel 223
Flynt, Larry 183, 184, 197
Flynt, Tonya 183
Fobaproa 25, 176
Fondo Nacional de Fomento al
  Turismo (Fonatur) 86, 88, 94,
  172, 173, 174
Forman, Milos 183, 184
Fox Quesada, Vicente 45, 101,
  166, 236
Frente Único de Colonos (FUC)
  145
Fronjosá Aguilar, Claudia 136,
  209
Fuerza Especial (Special Task
  Force) del U.S. Marshal 109
Fundación Oasis 78

Galaviz Eduardo 84
Gamboa Patrón, Emilio 49, 62,
  83, 86, 88, 89, 94, 97, 110,
  170, 172, 174, 220, 221, 250
Gamboa Patrón, Mario 172
García Márquez, Gabriel 203,
  204, 208
García Santos, José Ramón 72
García Zalvidea, Juan Ignacio 97
Gertz Manero, Alejandro 157
"Gildardo Muñoz Hernández"
  (testigo) 168

Goldberg & Charles 219
Gómez Gómez, Sonia 203, 205
Góngora, Alejandro
Góngora, Vera
González, David 109
González Felipe 170, 221
Gordillo, Elba Esther 101
Gutiérrez Vargas, Ricardo 98, 156

Haze, Dolores 203
Hendricks Díaz, Joaquín
  Ernesto 65, 69, 70, 73, 97,
  144, 148
Henry, Edwin 155, 156
Herman, Pewee 185
Hernández Castrillón, Miguel
  Ángel 99, 100, 105, 110
Herrera Martínez, Marcial 193
Hersh, Marvin 223
Hustler 180, 183, 184, 197

Instituto Mexicano del Seguro
  Social (IMSS) 90
INEGI 41
Infonavit 94
Instituto Nacional de Migración
  193
Interpol 95, 97, 98, 109, 141,
  156, 157
Instituto para la Protección al
  Ahorro Bancario (IPAB) 176

Jiménez Arias, Enrique 156
Junta de Supervisión del Juego
  del estado de Nevada 176

Juzgado Tercero de lo Penal 76

Kimerer & Derrick 219

La Biblia 192
La Jornada 20, 167, 170
La Revista 170
La Voz del Caribe 91, 96, 139
Leal Puerta, Alicia 78, 80, 144
Legarreta, Joaquín 169
Live Sex Webcams 186
Lolita (Vladimir Nabokov) 202,
  206
López-Dóriga, Joaquín 77, 129
López Obrador, Andrés Manuel
  191
López Pallares, Luis 145, 147-
  149
López Portillo, José 48
Lorente Acosta, Miguel 191,
  196
Loret de Mola, Carlos 129

Macedo de la Concha, Rafael
  66, 95-97, 211
Madrazo Pintado, Roberto 101
Making violence sexy (Dianne
  Russel) 196
Malamuth, Neil 198
Maldonado, Arturo 113
Martínez Ross, Jesús 41
Martoccia, Hugo 129
Mazy Kolb, Martin Gary 156
Mcalpin, Denis 178, 179, 183,
  184

Marín, Mario 17, 20, 21, 247, 248

Memoria de mis putas tristes (Gabriel García Márquez) 203

Mexicana de Aviación 38, 66

Ministerio Público del Fuero Común (MPFC) 84

Monarres, Julia 190, 192

Montiel, Arturo 23

Morales Portas, Ana Patricia 91, 92, 93, 94

Movimiento de Unificación Quintanarroense (MUQ) 41

"Muñoz Hernández, Gildardo" (testigo)

Nacif Borge, Kamel, *el Rey de la Mezclilla*, 13, 16, 19, 20, 23, 25, 46, 47, 64, 66, 73, 83, 94, 170-176, 229, 249, 250, 252

National Center for Domestic and Sexual Violence 79

Navarrete, Ricardo 155

New Frontier 180, 184

Núñez, Alberto 139

Orea, Mariana 89

Organización de las Naciones Unidas (ONU) 247

Ortiz, Irene 152

Paris, Carlos 194

Payo Obispo-Chetumal 43

Pech Cen, Miguel Ángel 65, 67, 68, 76, 78, 83, 96, 102, 111, 134, 135, 139, 141, 142

Pemex 38

Pequeño, Cristina 129

Pérez Gordillo, Celia 65, 66, 70, 72, 76-79, 83, 97, 140, 157

Periodistas Católicos

Policía Federal Preventiva (PFP) 78, 99, 103, 234

Procuraduría General de Justicia del Estado (PGJE) 52, 64, 65, 134, 140, 149, 207

Averiguaciones Previas 52, 65, 74, 81, 96, 135, 234

Procuraduría General de la República (PGR) 14, 25, 30, 31, 43, 53, 64, 75, 87-89, 92, 95, 97, 99-101, 103, 105, 106, 109, 110, 112, 113, 135, 136, 139-141, 157, 158, 164, 165, 167-168, 170-172, 176, 181, 182, 193, 199, 211, 212, 215, 219, 248-250

Pita, Gloria, *Ochi*, 47, 63-65, 78, 98, 103, 104, 114, 150, 177, 215, 217, 227, 228

Playboy 180

Poresto! 88

Proceso 167

Procuraduría de Justicia en Cancún 74

Procuraduría de Justicia de Quintana Roo 99, 107

Protégeme A.C. 52, 81, 135, 199

263

Public Broadcast Television
  (PBS) 179

Que Quintana Roo se entere 88
Quintero Meraz, Albino, *el*
  Beto, el Orejón 167, 168, 168

Rachí de Nacif, Guadalupe 174
Ramón Magaña, Alcides, *el*
  Metro 168
Rank, Joe 47, 48
Red Nacional de Refugios para
  Mujeres Víctimas de Violencia
  en México 78
Reforma 20, 21, 173
Refugio del Centro Integral de
  Atención a las Mujeres 158
Reporte 13 129
Rivera Torres, Román 49
Rodríguez Carrillo, Bello
  Melchor 16
Romero Deschamps, Carlos
Romero Vara, David 102
Rubio Eulogio, María 69, 70,
  72, 73, 144, 147-149, 211
Russel, Dianne 30, 181, 189,
  196, 197-200

Sada Martínez, Alberto 193,
  194
Sahagún de Fox, Martha 101
Salinas de Gortari, Carlos 86,
  97, 168
Salinas de Gortari, Raúl 88
Salomón, David 70

Schirra, Walter 222
Secretaría de Contraloría y
  Desarrollo Administrativo
  (Secodam) 88
Secretaría de Gobernación
  (Segob) 89, 193
Seguridad Pública Federal (SPF)
  157
Seljan, John 223
Servicio de Control de
  Inmigración y Aduanas 227
Shaping the ethiology of
  Stokholm Syndrom: hypothesis
  of theinduced mental model
  (Andrés Montero) 127
Sindicato de Trabajadores
  Petroleros de la República
  Mexicana 87
Sosa, David 30, 129, 144
Subprocuraduría Especializada
  en Investigación de
  Delincuencia Organizada
  (SEIDO, antes llamada SIEDO)
  30, 110, 168
Subsecretaría de Comunicación
  Social de la Secretaría de
  Gobernación (Segob) 89, 193
Succar Kuri, Jean Thouma
  Hanna, *Johny* 14, 22, 29, 34-
  36, 43, 44, 45, 47, 48, 52-59,
  61-67, 71-72, 75, 76, 80, 81,
  83, 84, 89, 92, 94-100, 101,
  103-106, 108-114, 120-127,
  129, 134-136, 138-140, 142,
  144, 145, 148, 149, 151, 152,

154-159, 160-166, 169-171, 173, 174-176, 182, 192, 194, 196, 197, 200, 207, 208, 214, 215, 216, 219, 220, 222-224, 226, 233-234, 249, 250, 249, 250, 252, 258

Tarrant Apparel Group (TAG) 174, 249
Televisa 77
Televisión Azteca 84
The New York Times 181, 173
The Peace Initiative 79
The People vs. Larry Flynt (El pueblo contra Larry Flint) 183
The Washington Post 1, 173
Thomas, Florence 205, 222
Touma, Jean 44, 66, 103, 104, 140, 157, 173, 174
Tucker, Deborah 30, 78, 79

Unicef 72, 191, 211

Vara, Abelardo 93
Varillas, Adriana 30, 92, 129
Velásquez, Juan 87, 88

Ventura, Florentino 167
Ventura Muossong, Juan Carlos 167, 168, 169
Vickers, Thomas 155, 156
Villanueva Madrid, Mario 41, 111, 169, 215
Villegas Canché, Maribel 98, 128
Villena Martínez, Blanca Laura 20
Virgen del Carmen 145

Walters, Juliet 30, 78, 79
West Borrow Drive 108, 109
Wet'n Wild 172,
White, Thomas 222, 223

Yunes Linares, Miguel Ángel 48, 62, 64, 66, 83, 90, 94, 97, 100, 101, 110, 167-170, 172, 220, 221, 250

Zambada García, Ismael, *el Mayo* 168
Zambrano, Lorenzo 172, 174
Zedillo, Ernesto 236
Zillman Dolf, 198

Los demonios del Edén de Lydia Cacho
se terminó de imprimir en enero de 2020
en los talleres de
Impresora Tauro, S.A. de C.V.
Av. Año de Juárez 343, col. Granjas San Antonio,
Ciudad de México